On a enterré trop vite les philosophies de l'histoire. Certes, les codes se sont transformés, les concepts renouvelés. Aux métaphores temporelles on a substitué des métaphores topologiques. Aux penseurs de la totalité ont succédé les apôtres de la discontinuité, à l'analyse spéculative s'est opposée l'analyse scientifique. A travers le champ nouveau offert à la recherche, des configurations différentes du savoir se sont déployées. Mais les philosophies de l'histoire restent vivantes.

Si l'ouvrage d'Hélène Védrine, professeur à la Sorbonne, privilégie Marx et ceux qui se réclament de son œuvre, c'est parce que l'auteur pense, à la suite de Sartre, que le marxisme reste la philosophie indépassable de notre temps et que les questions qu'il pose sont loin d'être résolues.

Sa démarche, l'auteur la poursuit en relisant successivement Hegel, Marx, Gramsci, Lukàcs, Sartre, Weber, Lévi-Strauss... qui l'amènent finalement à la conclusion qu'on ne s'est pas encore débarrassé des philosophies de l'histoire.

HÉLÈNE VÉDRINE

LES
PHILOSOPHIES
DE
L'HISTOIRE

déclin ou crise ?

247

PETITE BIBLIOTHÈQUE PAYOT
106, Boulevard Saint-Germain, Paris (6e)

PRÉFACE

Pourquoi un livre sur les philosophies de l'histoire ? Ne sont-elles pas irrémédiablement dépassées ? Pourquoi s'interroger sur ce que certains considèrent comme des survivances du XIXᵉ siècle ?

Notre propos n'est pas d'écrire une histoire des philosophies de l'histoire, encore moins de rédiger une thèse exhaustive qui exhumerait, par amour du passé et par respect du texte ancien, ce qui a vécu et n'intéresse plus que les spécialistes. Nous ne cherchons ni à être complet, ni à décrire toutes ces réflexions pseudo-théoriques issues de « considérations » sur l'histoire : tâche immense qui se perdrait dans des courants divers et qui aboutirait aux fadaises politico-philosophiques que suggèrent à chacun son expérience de la vie et ses engagements.

Notre but est plus modeste, mais aussi plus actuel. Contrairement à certaines affirmations péremptoires, nous pensons que les recherches en sciences humaines ne se sont pas dégagées des philosophies de l'histoire et que les essais pour interpréter le passé ou le présent retrouvent, sans le savoir, ou sans l'avouer, des problématiques très générales. On a beau renverser Hegel, critiquer le mythe du développement, abandonner l'historicisme aux simples d'esprits, on ne se libère pas pour autant des vieilles pesanteurs et des idées admises. Si le discours de l'idéalisme se porte mal, celui de l'histoire fleurit, tout simplement parce qu'il retrouve un des chemins constants dans lequel s'écrit la vie de l'humanité. Le langage s'est transformé, les concepts se sont renouvelés. Aux métaphores temporelles on a substitué des métaphores topologiques. Aux penseurs de la totalité ont succédé les apôtres de la discontinuité, à l'analyse spéculative s'est opposée l'analyse scientifique. Mais rien ne permet d'affirmer qu'à travers le champ nouveau ainsi offert à la recherche ait surgi une configuration du savoir sans idéologies, sans ruptures, sans contradictions.

« *Hegel qui genuit Feuerbach, qui genuit Marx...* » Il faudra bien nous y résoudre. Notre plan retrouvera inévitablement la chronologie. Mais une chronologie assouplie et décantée où Lukàcs répond autant à Max Weber qu'à Hegel, où le structuralisme ne se libère pas si facilement des « groupes en fusion », où les polémiques vivantes du siècle intègrent, désintègrent les théories pour « phagocyter » dans tous les sens. Si nous tenons à maintenir le terme de philosophie de l'histoire, c'est parce que nous pensons que toute réflexion aussi « scientifique » soit-elle ne peut se concevoir sans son autre : la critique qui remet en cause son fonctionnement même et qui réajuste à un nouveau contenu les formes de l'analyse. Le temps des systèmes est dépassé, celui des théories « régionales » fait fureur. Déjà le vieil Hegel se moquait des préfaces méthodologiques auxquelles se croyaient astreints ses contemporains. S'il parcourait aujourd'hui les revues et s'il voyait l'engouement « épistémologique », il n'en reviendrait pas... Il est vrai que les principes du Système et la Science de la Logique suffisaient à garantir l'engendrement des concepts et leur rigueur scientifique. Nous n'avons que des interprétations partielles correspondant à des couches du savoir. Évanouie la belle totalité, mais plus riche cette réflexion sur le passé parce qu'elle prend conscience de ses immenses lacunes et de l'impossibilité sans doute définitive de concevoir un « modèle » qui rende compte de cette histoire actuelle éclatée en tous sens et dans des disciplines diverses. Alors pourquoi parler de philosophies de l'Histoire ? Tout simplement parce que de Marx à Sartre, de Dilthey à Raymond Aron, de Lévi-Strauss à l'École des Annales, les théoriciens ne manquent pas. Sans doute, la mode exige-t-elle qu'on récuse la philosophie et qu'on parle d'anthropologie, de sciences de l'homme, de sociologie du savoir, etc. Critique valable à l'époque où il fallait se débarrasser du Cogito et de l'idéalisme envahissant d'une université vouée à la défense des valeurs traditionnelles et des privilèges de la conscience. Infantilisme si l'on admet que la philosophie, depuis long-temps, a abandonné toute prérogative et s'est mise à l'école des diverses sciences. Nous conservons le terme de philo-sophie de l'histoire uniquement pour montrer que les réflexions sur l'histoire ne sont pas des « théories » au sens scientifique du terme, dans l'état actuel de nos connaissances.

A notre époque, deux grandes conceptions ont tenté d'établir les fondements « scientifiques » de l'histoire : l'une est le marxisme (avec ses rejetons nombreux), l'autre est ce qu'il est convenu d'appeler les philosophies critiques de l'histoire. Tout les oppose et les grandes ombres de Hegel ou de Kant qui se profilent derrière elles marquent la diffé-rence de leurs problématiques. L'une cherche le moteur de l'histoire, l'autre retrouve la question critique : A quelles conditions une réflexion sur l'histoire est-elle possible ? L'une parle de luttes de classes, de rapports de production, l'autre interroge l'historien sur le lieu d'où il prétend tenir son discours. Entre les deux, il n'y a ni ponts, ni atomes crochus. De congrès en congrès, de revues en revues on s'injurie en se traitant mutuellement de pré-kantien ou de pré-hégélien. Péchés irrémédiables et marques d'infamie dont on est censé ne jamais se relever comme si les lignes de démarcations entre philosophies passaient encore entre Kœnigsberg et Iéna. Quoi de plus ridicule que de reprocher aux marxistes de refuser le problème du sujet et des condi-tions de la constitution du savoir, alors que justement le marxisme propose une autre approche : celle des lois en histoire ? Il n'en reste pas moins que si lois de l'histoire il y a, le marxisme se trouve confronté à d'autres questions : celles de l'interprétation du présent et de l'action possible.

Faiblesse insigne selon Karl Popper qui dénonce « la misère de l'historicisme » parce qu'il se prétend une « science » et qu'il est incapable de « prédire », contrairement aux sciences exactes. Comme si le problème se posait de la même manière au laboratoire (où le savant maîtrise les conditions de l'expérience) et dans le cadre d'un temps ouvert où s'additionnent des millions de facteurs dont on sait peut-être comment ils fonctionnent « en dernière instance », mais dont personne ne sait comment ils fonctionnent *in concreto*. Et l'on peut ajouter toutes les causalités « métonymiques », toutes les contradictions « principales » ou « secondaires », dire que « les masses font l'histoire » ou que « l'histoire est un processus sans sujet », on se heurte toujours au même hiatus entre l'histoire passée dont la signification est dégagée *a posteriori* et l'histoire qui se fait où les divers « modèles » s'ajustent plus ou moins empiriquement. La chouette de Minerve se lève au crépuscule...

Formule commode qui permet aux philosophies de l'histoire d'esquiver le problème du présent, exactement comme l'espérance fait vivre en attendant la Cité de Dieu. Seul Marx a eu le courage de penser que son modèle d'intelligibilité devait se réinvestir dans le présent : on n'étudie pas le *Capital* en soi, mais pour connaître son fonctionnement et le détruire. Ainsi seuls les Marxistes ont pris vraiment au sérieux la notion de contradiction et l'ont portée à ses plus extrêmes limites. Chez Hegel, la préhistoire de luttes et de violences se dépasse dans l'État moderne que décrit *La philosophie du Droit*. C'est pourquoi nous avons donné tant de place aux discussions issues du marxisme, faisant nôtre la formule de Sartre : le marxisme est la philosophie indépassable de notre temps. Inutile de dire que cette affirmation est assez large pour y réintroduire toutes les recherches contemporaines : le structuralisme (ou les structuralismes), la psychanalyse, la linguistique et toutes les diverses recherches que nous offrent les historiens de métier. Il n'en reste pas moins que, dans tous les cas, des problèmes de totalisation restent posés, tout comme celui de la hiérarchisation et de la combinaison des divers facteurs.

Tel quel, ce livre reste volontairement « ouvert ». S'il présente quelques-unes des polémiques de ces dernières années, l'auteur sait très bien que les recherches en cours ne débouchent ni sur une philosophie de l'histoire de type hégélien, ni sur un « modèle » satisfaisant capable de totaliser toutes les formes de l'activité humaines. Cela dit, l'éclosion théorique actuelle — mis à part quelques horripilants phénomènes de mode — oblige chacun à sortir de son sommeil dogmatique.

1 HEGEL. MÉDIATIONS ET DIALECTIQUE

> ... « L'histoire est le devenir qui s'actualise dans le savoir, le devenir se médiatisant soi-même (1). »

Pourquoi un jeune philosophe venu à maturité vers les années 1800 s'est-il senti obligé de réfléchir l'histoire et d'élaborer un système en utilisant les catégories de développement, de contradiction, de scission, de destin, de retour à soi? Comment expliquer ce bouleversement caractéristique de la perspective hégélienne? On oublie de s'en étonner, trop habitués que nous sommes à lire Hegel à travers des grilles actuelles.

Avant lui, la philosophie s'était souvent pensée en termes de rupture (qu'on songe à Descartes) ou en terme de reconstruction de fondements ébranlés (qu'on songe à Hume ou à Kant), mais jamais elle ne s'était accomplie à travers « la recollection des souvenirs ». Certes saint Augustin ou Bossuet avaient déjà imaginé que le cheminement des civilisations et des États enveloppait une obscure signification où ils voyaient la marque de la Providence. Mais Hegel, lui, ne parle pas en théologien, il veut, en philosophe, montrer comment le travail du négatif aboutit à cet auto-mouvement du concept qu'il appelle la science. En ces années d'après la Révolution, marquées par des guerres et des tentatives de restructuration de l'Europe, l'histoire

(1) *Phénoménologie de l'esprit*, T. II, p. 311 (trad. Hyppolite).

devient une médiation privilégiée pour produire le nouveau système du savoir. En 1807 paraît *La phénoménologie de l'Esprit*, première étape de cette reconstruction.

Dans une lettre célèbre, Hegel raconte ses impressions après la bataille de Iéna (1806) : « Je vis l'Empereur, cette âme du monde, traverser à cheval les rues de la ville... C'est un sentiment prodigieux de voir un tel individu, qui... assis sur un cheval, s'étend sur le monde et le domine... Comme je le fis autrefois, tous font maintenant des vœux de succès pour l'armée française, ce qui ne peut lui manquer, étant donné l'incroyable différence de son chef et de ses soldats d'avec ses ennemis (2). » Il faut imaginer ce qu'a pu signifier pour cette génération, la prise de la Bastille, la Terreur, les guerres de l'Empire et la transformation qu'elles imposèrent à l'Allemagne et singulièrement à la Prusse. Si l'histoire prend la place de la physique c'est parce qu'un nouveau modèle s'impose à la réflexion, c'est parce qu'après la Révolution, la bourgeoisie ne saisit plus son rapport au monde en termes de lois universelles de la nature, mais en termes d'aboutissement. En pensant l'histoire, cette classe qui découvre à travers les contradictions son nouveau rôle, veut d'abord réfléchir sur sa place et sa légitimité. Si elle se croit le terme d'un processus, si elle considère, qu'avec elle, le Savoir absolu produit enfin les concepts dans leurs véritables déterminations, elle le doit, au moins partiellement, à l'ébranlement de la Révolution. Qu'on ne nous fasse pas dire naïvement que Hegel est « le philosophe de la bourgeoisie ». Locke, Hume, les Encyclopédistes furent plus lucides que lui sur bien des points. Mais, premier penseur formé après la Révolution, Hegel réfléchit ce lieu théorique où il devient possible de réconcilier l'homme avec lui-même dans un système où l'histoire et la science ne s'opposent plus mais se soutiennent mutuellement. Qu'il ait échoué, nous le montrerons : en identifiant à la classe universelle les fonctionnaires, *La philosophie du droit* (1821) retombe dans le vieux rêve d'une communauté où les luttes disparaissent au profit du service de l'État. Il n'en reste pas moins qu'avec Hegel, la philosophie suppose une prise de

(2) *Correspondance*, T. I, p. 115.

conscience du nouveau statut de l'individu après la Révolution. Ainsi se justifie la place de l'histoire ; elle est ce milieu où s'accomplit le cheminement de l'humanité et ce lieu où se dévoile le savoir.

HISTOIRE ET RAISON

« La seule idée qu'apporte la philosophie est cette simple idée de la raison, l'idée que la raison gouverne le monde et que par conséquent l'histoire universelle s'est déroulée rationnellement (3). » Mais rationnellement ne signifie pas harmonieusement. L'histoire et la raison s'identifient, mais les contradictions parcourent le déroulement des événements à travers les malheurs, les échecs, le dur apprentissage d'une conscience que n'apaisent pas les certitudes lointaines du Savoir absolu. Sans l'histoire, la philosophie ne pourrait se développer comme connaissance autonome, parce que l'homme demeuré dans son être-là naturel, n'aurait jamais pris conscience de soi dans la première violence, celle par laquelle il met sa vie en jeu par désir d'être reconnu par un autre. La philosophie de l'histoire de Hegel fonde à la fois une anthropologie et une théorie de la prise de conscience du sujet à travers la recollection du passé et l'enrichissement d'expériences successives et inachevées. En se prolongeant en philosophie politique, l'histoire s'insère dans le présent en réfléchissant sur les conditions d'exercice du pouvoir et de la propriété. Enfin, elle garantit que la science de la logique, comme reprise conceptuelle de toutes les déterminations du savoir, échappe à l'abstraction. Comme *Phénoménologie de l'esprit*, c'est-à-dire comme science du développement du savoir, l'histoire ne se suffit pas à elle-même. Elle renvoie au système : « Dans cette science, les moments du mouvement de l'esprit ne se présentent plus comme figures déterminées de la conscience... mais comme des concepts déterminés et comme leur mouvement organique fondé en soi-même (4). » Les moments s'opposent aux

(3) *La raison dans l'histoire*, trad. Papaioannou, p. 47.
(4) *Phéno. Esprit*, II, 310.

concepts non pas comme l'erreur à la vérité, mais comme une manifestation temporelle à une science qui, libérée des conditions qui l'ont fait naître, ne s'occupe plus que de la détermination interne de ses concepts.

Par là apparaît une certaine ambiguïté du statut de l'histoire chez Hegel : tantôt elle se présente comme fondatrice et c'est le cas de *La phénoménologie de l'esprit,* tantôt son rôle s'estompe et elle n'apparaît plus qu'à titre de moment comme dans l'*Encyclopédie.* D'où la question : l'histoire est-elle seulement la « manifestation » de l'esprit, ou bien détermine-t-elle sa propre rationalité et ses propres concepts ?

De cette difficulté sont nées bien des polémiques. Pour les uns, Hegel n'aurait fait que transposer en un langage neuf les idées de la théologie. Pour d'autres, le système serait vicié, dès les points de départ, par une théorie de l'histoire se réduisant au développement de l'esprit. Enfin, pour certains critiques, le hiatus entre l'histoire et le système serait tel qu'il faudrait se résoudre à un dualisme insurmontable. Pour notre part, nous croyons que Hegel a répondu, au moins partiellement, à ces objections en montrant à la fin de *La phénoménologie* que le temps se présente à la fois comme destin, comme inachèvement pour l'individu et comme ce qui demande à être achevé par la philosophie : « C'est pourquoi l'esprit se manifeste nécessairement dans le temps, et il se manifeste aussi longtemps qu'il ne saisit pas son concept pur, c'est-à-dire n'élimine pas le temps (5). » Dans la science ne se manifeste donc que l'organisation interne du savoir, selon ses concepts. On passe du temps au devenir. Il n'en reste pas moins un problème que nous retrouverons de façons diverses chez presque tous les auteurs que nous examinerons : comment articuler une théorie générale du savoir et une théorie de l'histoire ?

Comment le système comme science peut-il rendre compte de l'histoire, tout en la débordant ? Question cruciale que nous retrouverons en particulier avec le marxisme. L'intérêt de la pensée de Hegel est de l'avoir posée dans son acuité dès le début du XIXᵉ siècle.

(5) *Phéno. Esprit,* II, 305.

On a trop tendance à considérer Hegel comme le philosophe de l'Esprit absolu et à oublier avec quelle passion il s'est intéressé à son temps, avec quelle ferveur il a vécu les événements qui bouleversaient son siècle. Enthousiasmes juvéniles du Stift de Tübingen, réflexions sur la Révolution puis la Terreur, intérêt pour l'expérience napoléonienne, années terribles des guerres de libération nationale. Jusqu'à la fin de sa vie, Hegel fut, selon l'excellente expression de Jacques d'Hondt, le « philosophe de l'histoire vivante » (6). Au passé poussiéreux des manuels et des maîtres, toute une génération oppose la vie, le mythe d'une Grèce où l'homme ignore la scission entre la sphère privée et la sphère politique. Quant au Christ, il eut un destin tragique qui consista « à se séparer du monde et à trouver un refuge dans le ciel, à reconstituer dans l'idéalisme une vie déçue, à rappeler dans chaque conflit, le souvenir de Dieu et à élever les yeux vers lui (7) ». Contrairement à Kant, Hegel n'a pas commencé à réfléchir en s'interrogeant sur le statut de la science ou sur celui de la métaphysique. D'emblée s'imposent à lui les thèmes encore vagues de l'amour, du destin, de la réconciliation tels que les proposent les modèles fictifs de la Grèce, du Judaïsme ou du Christianisme. Ces réflexions de jeunesse débouchent sur l'exigence d'une vie concrète où l'influence de Rousseau et l'amitié de Schelling se font sentir. Pendant la période de Berne (1793-1796), Hegel critique vivement l'orthodoxie religieuse trop liée, selon lui, aux avantages temporels que lui procure sa situation dans l'État. Plus tard, à Francfort, il lit et commente l'économiste anglais Steuart. Le monde ne se peut penser selon le schéma du Paradis perdu, la Cité antique n'existe plus et la liberté d'autrefois ne correspond pas aux exigences des nations modernes. Le temps est venu de penser le présent. Nous n'étudierons pas, ici, l'évolution de Hegel et nous

---

(6) Jacques d'Hondt, *Hegel, Philosophe de l'Histoire vivante*, Paris 1966.
(7) Hegel, *L'esprit du Christianisme et son destin*, p. 109, trad. Martin, Paris 1948.

ne nous attarderons pas à la genèse du système qui a fait l'objet d'excellentes études. Nous nous attacherons aux thèmes constants de la philosophie de l'histoire, en insistant sur les thèmes de *La Phénoménologie de l'esprit* qui sont décisifs dans la mesure où se trouve déjà posé un problème qui traverse toute la philosophie hégélienne. Comment se fait-il que la conscience ait à parcourir toutes les étapes du devenir pour aborder enfin l'esprit absolu? Comment se fait-il que ces étapes soient plus qu'une simple recollection du passé, mais une sorte d'ontogenèse nécessaire de l'individu? Y a-t-il un seul schéma de l'histoire? ou plusieurs schémas?

LE VRAI EST SUJET

Si « chaque philosophie est fille de son temps », comme se plaît à l'affirmer Hegel, aucun système antérieur ne peut prétendre à la vérité absolue, il renvoie à un processus dans lequel il s'inscrit et représente une étape nécessaire du savoir. Idée banale, mais qui exprime la première rupture : il n'existe pas de vérité donnée une fois pour toutes, pas d'essences stables, pas de critère complet de la connaissance. La fameuse *adæquatio rei et intellectus* ne signifie rien dès lors que l'objet tout comme l'intellect sont saisis comme processus. Dans son langage, Hegel dira : « le vrai est sujet et non substance » : c'est-à-dire que le rêve spinoziste d'une connaissance enfin adéquate à la totalité disparaît, parce que la totalité étant mouvement ne se pense qu'à travers les étapes d'une prise de conscience qui transforme à la fois le contenu de la connaissance et la connaissance du contenu. A proprement parler, seuls se présentent des étapes qui ne peuvent rendre compte d'elles-mêmes à leur propre niveau. La philosophie vit ce premier malheur : condamnée pour penser le stable à utiliser les règles de l'entendement, il lui faut, pour saisir le mouvement, inventer sa propre méthode. La dialectique apparaît d'abord comme cette première expérience du négatif. Comprendre que le « vrai est sujet » implique qu'on saisisse que le mouvement de se poser soi-même est « une médiation entre soi et un devenir autre ». Or c'est justement cette médiation qui inspire une horreur sacrée (8), parce que la réflexion ne peut s'habituer à saisir le devenir et parce qu'elle veut s'arrêter dans le confort d'une essence close sur elle-même. Dire que « le vrai est sujet » suppose cette conversion par laquelle la philosophie dépasse le vieux discours de l'entendement pour se lancer sur le chemin encore inconnu de la raison comme procès.

Conséquence : le statut de l'histoire va être modifié. Dans les philosophies antérieures, l'histoire ne jouait guère de rôle : elle apparaissait comme repoussoir lorsqu'il fallait se démarquer par rapport au passé, comme le fait, par exemple, Descartes lorsqu'il s'oppose à la scolastique. Ou bien forme laïcisée de l'Histoire universelle de Bossuet, elle remplaçait la Providence, par l'idée d'un progrès lié au développement des connaissances humaines : platitudes de l'*Aufklärung* contre lesquelles s'élèvera constamment Hegel. Avec *La phénoménologie de l'esprit*, l'histoire devient constituante de la philosophie parce qu'elle est le concept-dans-son-être-là, ce qui signifie qu'elle se présente comme temps. Il ne s'agit pas du temps abstrait de la physique qui se réduit à mesurer le nombre du mouvement, mais du temps du travail, de l'expérience, de la négativité. Dire que le temps est le « concept dans son être là » signifie qu'on reconnaisse à chaque forme de l'immédiateté qui se présente à la conscience la pesanteur d'une expérience unique et nécessaire, mais aussi la fragilité d'un moment transitoire qui renvoie à l'ensemble du procès. Cette « pure inquiétude de la vie » caractérise l'histoire en face de la science qui, elle, en reste à la grandeur, à l'espace « mort et à l'Un également mort » (9). L'histoire accède au concept ou du moins le manifeste à travers le temps parce qu'elle participe à la plus haute activité philosophique, celle qui développe l'effectivement réel dans son être-là et son mouvement. Et par concept, rappelons-le, il ne faut pas entendre, comme on le fait trop souvent, la vieille opposition qui recouperait celle de l'essence et du phénomène, mais « la plus haute

(8) *Phénoménologie*, T. I, p. 19.
(9) *Ibid.*, p. 42.

dialectique », c'est-à-dire celle de l'esprit vivant qui ressaisit la réalité dans sa totalité (10).

L'histoire possède donc de redoutables privilèges. En tant qu'elle expose la généalogie de la prise de conscience elle est au seuil du système, puisqu'il fallait parcourir tout le chemin pour que vienne le temps de penser le déroulement, mais elle est déjà cette possibilité pour l'esprit de se penser soi-même, donc de constituer le système. On pourrait appeler ce premier aspect théorique. Mais il faudrait ajouter une autre remarque : plus qu'une genèse temporelle de la philosophie et de l'individu, l'histoire implique une anthropologie, c'est-à-dire qu'elle ne décrit pas seulement la genèse idéale de l'humanité dans le temps, mais aussi un affrontement de l'homme au monde qui suppose une théorie de la violence, de la culture, de l'éducation.

VIOLENCE ET CULTURE

Deux exemples très connus vont nous permettre de montrer ce double aspect de l'histoire. Tous deux utilisent le concept de culture (*Bildung*), mais selon deux axes distincts. Dans le premier cas, la dialectique du Maître et de l'Esclave, Hegel présente une sorte de contre-mythe du Bon Sauvage, une théorie du premier affrontement de l'homme au monde et de son éducation. Dans le second cas, la culture apparaît sous forme aliénée : il s'agit du texte intitulé « l'esprit devenu étranger à soi-même » et qui, dans la dialectique de l'Esprit, représente le second moment et correspond historiquement à l'histoire de l'Occident de la fin de l'Empire romain à la Révolution française. Jouant sur deux registres, sur les sens multiples du terme culture, Hegel associe tantôt l'histoire à une anthropologie, tantôt à une théorie du savoir. Sans violence primordiale, sans lutte entre les hommes, il n'y aurait jamais de passage de la nature à la culture. Mais sans aliénation, sans perte de soi, il n'y aurait pas non plus d'histoire. Ce double mouve-

(10) Gérard Lebrun, *La patience du concept*, Paris 1972. P. 348 sq., critique de l'interprétation althussérienne de Hegel.

16

ment de transformation et de scission caractérise le temps de l'histoire.

Dans la dialectique du Maître et de l'Esclave, trois concepts déterminent l'idée de « nature humaine » et permettent de comprendre son statut : la violence, la reconnaissance des consciences, le désir. Au mythe du Bon Sauvage, Hegel substitue celui de deux individus séparés et isolés qui ne peuvent exister comme conscience qu'à condition de se faire reconnaître l'un par l'autre. Et ici, s'inscrit une violence primordiale — caractéristique de la pensée hégélienne — puisque la reconnaissance exige comme condition la mise en jeu de la vie et par suite le risque de mort. Ni la propriété comme chez Rousseau, ni la lutte pour l'existence comme chez Hobbes ne créent la violence : celle-ci naît de l'affrontement de deux consciences qui pour sortir de leur être naturel et accéder à l'humanité n'ont pas d'autre solution que de se défier dans un combat qui exige la mort d'un des partenaires. De cette lutte qui fait surgir la première inégalité (celle du Maître et celle de l'Esclave) naît l'histoire et la transformation du monde. Hegel utilise le terme *Bildung* qui, pour lui, signifie autant culture au sens intellectuel que transformation de la nature par le travail ou l'économie. En travaillant pour le Maître, l'Esclave découvre deux aspects contradictoires de la réalité et de sa vie : la perte de la liberté signifie que son désir est refréné par l'obéissance, soumis au service d'autrui, aliéné dans un travail étranger. Mais, en même temps, le travail se présente sous sa forme positive puisqu'il implique la maîtrise des techniques et la transformation de la matière. Comme de bien entendu, les trois concepts de violence, de désir et de reconnaissance se développent à travers les contradictions propres à chaque situation et à l'intérieur du mouvement qui engendre les diverses étapes de cette lutte. Son déroulement ne nous importe pas ici, mais nous tenions à souligner combien l'anthropologie hégélienne est fondée sur une vision dure et tendue de la « nature humaine ». L'idée de raison qui domine les œuvres de maturité se trouve singulièrement remise en cause parce que c'est à partir d'une déraison première que surgit, dans la mort et la lutte, l'ordre de l'histoire et de la culture. Et paradoxe supplémentaire : seuls les esclaves transmettent la culture pendant que les Maîtres s'abrutissent dans les plaisirs faciles. Ces deux thèmes parcourent toute l'œuvre. La violence accouche l'histoire et elle se conservera dans les sociétés modernes puisque la guerre continue à être nécessaire pour maintenir la tension entre les peuples. Quant à la culture, elle transforme le monde, d'abord en utilisant le travail des esclaves, plus tard en se servant de celui des hommes libres.

Il y a là toute une théorie du fondement de l'histoire qui doit plus à une anthropologie qu'à une étude précise. Sur ce fond de douleur, d'oppression et de mort se déroule le panorama majestueux des affrontements idéologiques et politiques : stoïcisme, scepticisme, belle âme, conscience malheureuse, etc. Mais, ici, apparaît, à notre avis, une rupture dans la construction hégélienne et un changement de signification des concepts utilisés. La naissance de la civilisation s'effectue à travers un affrontement violent ; en revanche, son déroulement dans la temporalité historique suppose une série de reprises et d'accumulations que scandent les différentes figures du savoir. A ce moment, les concepts « mythiques » utilisés au début de la description changent de sens. Par exemple, le désir disparaît presque complètement, alors qu'il brillait aux aurores de la civilisation comme jouissance ou comme frein imposé. L'aliénation qui signifiait d'abord la perte de la liberté devient l'état constant auquel est condamné l'individu historique. Toute figure du savoir sombre nécessairement dans un inachèvement qui la réduit à se développer sur le mode du malheur. Que sont devenus les Maîtres fiers et joyeux ? Enfin la culture ne transforme plus le monde en s'appropriant les techniques et la science ; elle se transforme en idéologie, en discours de l'occultation.

Ce remaniement des concepts est frappant dans le Tome II de la *Phénoménologie de l'esprit*. Les spécialistes se sont interrogés sur la nécessité de ces développements : pourquoi, après les exposés de la conscience, de la conscience de soi et de la raison, Hegel s'est-il cru obligé de reprendre à un autre niveau ce qu'il avait déjà découvert ? Quel est le rôle de l'Esprit ? Y a-t-il une bifurcation inutile ou un approfondissement du projet ? Sans doute faut-il admettre qu'en cours de route Hegel a élargi ses perspectives : à l'itinéraire de la conscience décrit dans le Tome I, il a ajouté ce qu'il appelle « les figures du monde » : « Ces figures se distinguent toutefois des figures précédentes en ce qu'elles sont elles-mêmes les esprits réels, des effectivités authentiques, et au lieu d'être seulement des figures de la conscience sont des figures d'un monde (11). » C'est bien pourquoi les thèmes changent de sens lorsqu'on atteint l'esprit : les expériences sont à la fois plus profondes puisqu'elles sont une reprise qui suppose un retour à une réalité repensée dans toute sa richesse, mais elles sont plus « désespérantes » parce qu'elles portent le poids d'un monde incarné dans l'esprit d'un peuple. D'où le changement du statut de l'aliénation. Dans le chapitre intitulé « l'esprit devenu étranger à soi-même : la culture », Hegel décrit les diverses expériences du langage par lesquelles le sujet se fige dans des comportements et des activités où il ne se reconnaît plus. Monde de l'extra-néation (*Entfremdung*) où a disparu l'être-là naturel et où ne joue plus que le jeu des apparences et des rôles sociaux : héroïsme du service qui se transforme en héroïsme de la flatterie, beau langage des précieux, badinage des salons, vanité de l'*Aufklärung*... Pétrifié dans le respect de l'ordre ou déchiré comme le Neveu de Rameau, il ne reste plus qu'une sorte de déréliction où s'abîme l'individu. On peut pousser à l'infini les variations et on a souvent l'impression que Hegel se prend à son jeu dans d'inutiles coquetteries ou d'inutiles complications. Le résultat est là : « L'esprit est cette absolue et universelle perversion et extranéation de l'effectivité et de la pensée : la pure culture. Ce qu'on expérimente dans ce monde, c'est que ni les essences effectives du pouvoir et de la richesse, ni leur concept détermi-nés — Bien ou Mal... n'ont de vérité. Mais tous ces moments se pervertissent plutôt l'un dans l'autre, et cha-cun est le contraire de soi-même (12). » A une époque où l'on n'avait pas encore inventé le concept de « récupération », Hegel décrit cette universelle perversion du discours et des

(11) *Phénoménologie*, T. II, p. 12.
(12) *Ibid.*, p. 79.

gestes qui caractérise les civilisations qui n'ont pas encore retrouvé la jeunesse des « révolutions ». Et encore ne fait-il pas confiance à la Révolution qui se termine dans la liberté absolue de la Terreur, c'est-à-dire dans « la fureur de la destruction », où « être suspect se substitue à être coupable » (13). Point extrême de la courbe où dans la destruction de soi et de l'autre, l'esprit prépare les conditions du véritable retour à soi...

LES DEUX SCHÉMAS DE L'HISTOIRE

Les analyses précédentes montrent que dans *La Phéno-ménologie* Hegel joue sur deux registres pour déterminer l'histoire : l'un implique une théorie de la « nature humaine », l'autre une théorie du processus et de la temporalité comme reprise du souvenir et de l'expérience. Finalement le temps historique se saisit dans la différence, comme concept dans son être-là, mais aussi comme passage d'un moment à un autre à travers les contradictions qu'engendre chaque figure. L'histoire apparaît donc comme lieu de passage où surgit par un retour en arrière la signification de chaque événement, mais aussi comme ce qui ne peut jamais se dire à son propre niveau. C'est après coup que l'esprit découvre la rationalité, tandis que l'individu ne vit son destin qu'à travers les aliénations successives qu'il subit à chaque période. Il en résulte qu'il y a pour Hegel un privilège manifeste du système sur l'histoire. L'histoire manifeste sans le savoir réellement ce système qui implicitement est présent à chaque instant, mais dont la totalisation ne s'effectue que le jour où la philosophie se développe jusqu'au point où il devient possible d'en faire la théorie. Il faut que la pensée devienne pour produire son propre objet dans son savoir. Un texte de l'*Encyclopédie* l'affirme formellement : « Mais l'esprit pensant de l'histoire du monde, en dépouillant ces limitations des esprits des peuples particuliers et sa propre mondanité, saisit son universalité concrète et s'élève jus-qu'au savoir de l'esprit absolu, comme vérité éternellement

(13) *Id.*, II, p. 135.

effective, dans laquelle la raison sachante est libre pour elle-même, et dans laquelle la nécessité, la nature et l'histoire ne sont qu'au service de la révélation de cet esprit, et les contenants de son honneur (14). » Ce texte est révélateur. S'il prouve bien l'idéalisme de la conception hégélienne, il montre que l'Esprit absolu se découvre comme « vérité éternellement effective » c'est-à-dire comme éternité vivante et totalement présente à soi-même. A ce stade, la religion est dépassée, et l'universel concret se dévoile dans la plénitude de son sens et dans l'originalité de ses moments et de ses figures.

Dans ce texte se montre le paradoxe de toutes les philosophies de l'histoire : pour saisir le sens du développement, il faut trouver le point focal où s'abolissent les événements dans leur singularité et où ils deviennent significatifs selon une grille qui permet de les interpréter. Dans sa totalisation, le système produit un concept de son objet tel que l'objet devienne rationnel et échappe par là à l'imprévu et à une temporalité où le hasard pourrait jouer son rôle. Pour échapper à cette difficulté, Hegel remplace dans le système le temps par le devenir, les moments de l'histoire par la détermination interne des concepts. Ainsi entre la *Phénoménologie de l'esprit* et la *Logique* s'ouvre un hiatus que la réflexion ne parvient pas à combler vraiment, puisque Hegel ne peut produire son système au niveau du concept qu'à condition de transformer les temporalités hétérogènes du vécu ou de l'histoire en auto-engendrement d'un devenir homogène (même si celui-ci procède à travers des contradictions et des déterminations). Dans la *Phénoménologie*, l'esprit fait l'apprentissage de la vérité en cheminant dans l'erreur et la douleur, tandis que dans l'*Encyclopédie* se développent les déterminations de plus en plus riches de l'être, de l'essence et du concept. Il n'est d'ailleurs pas indifférent que la *Phénoménologie* se termine sur l'idée d'un calvaire de l'esprit, alors que l'*Encyclopédie* cite, pour conclure, le mot célèbre d'Aristote en *Métaphysique* Λ sur la jouissance de la pensée par elle-même.

(14) *Encyclopédie*, Paragraphe 552, trad. M. de Gandillac, p. 470, Paris 1970.

Faut-il pour construire le système sacrifier, au moins partiellement, l'histoire ?

LES RUSES DE LA RAISON

Quelques formules ternes (et ressassées) de *La Raison dans l'histoire* font croire que Hegel s'est contenté d'une plate apologie du réel et d'une justification de ce qui a été pensé. Le tout étant censé se clore sur un savoir absolu enfin certain de lui-même. Rien n'est plus faux. Hegel comprenait la lutte et se méfiait des fausses réconciliations : « L'histoire de la philosophie retrace l'histoire du combat de la pensée libre avec l'autorité de la religion populaire, celle de l'Église, avec ce que nous appelons en général religion positive. Cette hostilité, cette opposition, nous la constatons déjà en Grèce ; nous voyons Socrate boire la ciguë ; beaucoup d'autres philosophes furent bannis pour leur irréligiosité. Cette opposition éclata aussi dans le monde germanique ; nous y voyons l'hostilité grandir entre l'Église chrétienne et la pensée libre, et d'un côté on en vint à la dérision et à la raillerie et de l'autre aux bûchers (15). » Nul plus que lui ne fut sensible au drame d'un Bruno, d'un Vanini ou d'un Galilée. Mais il ne les justifie que parce qu'ils incarnent, pour lui, des héros positifs, témoins incompris de leur siècle, mais porteurs d'une nouvelle rationalité. Et c'est ici que commence à se dévoiler la difficulté de définir la raison chez Hegel : tantôt elle apparaît comme une puissance immanente et nécessaire, tantôt, par delà les désordres apparents, elle restitue un ordre secret. Mais selon quels critères décider ? Hegel, semble-t-il, hésite entre plusieurs schémas.

L'idée la plus simple est d'assimiler toute recherche sur la philosophie de l'histoire à la « considération pensante de l'histoire (16) ». Formule vague et qui suscite des objections immédiates : arbitraire, reconstruction *a priori*, mépris des faits, providentialisme. Aux historiens professionnels Hegel

(15) *Leçon sur l'histoire de la philosophie*, p. 320, trad. Gibelin, Paris 1954.
(16) *Raison dans l'histoire*, p. 43.

oppose deux arguments : refus de l'érudition pour l'érudition, méfiance vis-à-vis des soit-disant faits « bruts ». On rappelle aux positivistes de tout crin que la neutralité de la science n'est qu'une illusion. Qu'il s'agisse de l'élaboration des matériaux, des catégories utilisées pour comprendre, de l'exploitation de la philologie ou d'autres documents, l'histoire ne peut rendre compte de ses propres méthodes et « il en résulte que chaque histoire réfléchissante peut être remplacée par une autre (17) ». Ainsi s'impose la nécessité d'une histoire philosophique.

Les œuvres de jeunesse ne paraissent pas encore marquer une véritable prise de conscience du problème. Hegel parle encore en termes théologiques et la Grèce joue le rôle d'un mythe fascinant. Les formules lapidaires ne manquent pas. Opposant la pensée grecque à la pensée juive, l'auteur écrit dans *Le Destin du Christinaisme* : « Les Grecs devaient être égaux, parce que tous libres et indépendants. Les Juifs parce que tous incapables d'indépendance (18). » Formules qui font plus penser à Nietzsche qu'aux froides analyses de *La Raison dans l'histoire*. Et plus loin : « Jésus ne combattit pas seulement une partie du destin Juif, car il n'avait partie liée à aucun autre, mais il s'opposa à lui dans sa totalité ; il était donc au-dessus du destin et chercha à élever son peuple au-dessus du destin... (19). » Une vision éthique du monde alliée à un sens tragique de la vie éclaire ces premiers essais. Le ton ne change pas profondément dans *La Phénoménologie* où l'opposition des conceptions de la vie s'élargit en une théorie générale du développement de la conscience. Ici, l'idée de raison n'est pas aussi clairement dégagée que dans les œuvres ultérieures. Il s'agit plutôt d'une approche existentielle où la conscience de soi se retire en elle-même sans arriver à se sauver et à préserver son autonomie. Il faut qu'elle se sépare du « sépulcre de sa vérité » pour retrouver enfin partiellement le monde, dans le chapitre intitulé « raison ». Mais là encore, la raison échoue, se perd dans ses œuvres et exige le passage à l'esprit pour se retrouver.

(17) *Id.*, p. 36.
(18) *Destin du Christianisme*, p. 17.
(19) *Id.*, p. 25.

Dans ce long calvaire, la raison n'apparaît que sous forme d'étape.

En revanche, dans les leçons réunies sous le titre *La raison dans l'histoire*, les perspectives se modifient; la raison devient immanente et s'identifie à la réalité suprême : « La raison... c'est-à-dire la substance, la puissance infinie, la matière infinie de toute vie naturelle ou spirituelle et aussi la forme infinie, la réalisation de son propre contenu. Elle est la substance, c'est-à-dire ce par quoi et en quoi toute réalité trouve son être et sa consistance (20). Ici, la douleur, l'échec, la conscience malheureuses disparaissent au profit d'une sorte d'unité vivante où tous les aspects de la pensée et de la réalité se renvoient mutuellement les uns aux autres, dans une transparence dont seul l'auto-engendrement est le présupposé : « elle est sa propre présupposition et sa fin absolue (21) ». La philosophie de l'histoire révèle cette rationalité cachée par la contingence des événements ou l' « apparence bariolée » des faits. Montrer à l'œuvre l'esprit du monde devient la tâche de la pensée. Ces textes laissent perplexes : tantôt on se croit plongé dans saint Augustin ou Bossuet, tantôt on sent des accents plotiniens sur la vie de l'Un, tantôt on croirait presque lire une œuvre mystique. Hegel a conscience de ces ambiguïtés et il précise le thème : la raison gouverne le monde.

D'un certain point de vue, cette raison peut être assimilée à la Providence chrétienne à condition d'entendre par là que le christianisme a apporté à l'homme la connaissance de Dieu en rendant manifeste sa nature et son essence. Mais ici, le terme Providence est pris dans un sens très particulier puisqu'il s'agit de l'assimiler à la raison-substance, puissance infinie, forme infinie et réalisation infinie de son propre contenu. Lorsque Hegel attaque ses contemporains, il s'en prend aux théologies du sentiment, qui en rendant Dieu inconnaissable, rendent par là même la raison universelle inconnaissable. Identifiée à l'ordre et à la recollection du sens, la Providence ne gêne pas le philosophe. Mais contrairement aux moralistes, il refuse d'interpréter

(20) *Raison dans l'histoire*, p. 47.
(21) *Id.*, p. 48.

l'histoire en fonction du Bien et du Mal « fanfaronnades exhibitionnistes » des belles âmes, superficialité de ceux qui s'arrêtent à l'apparence. « Avec l'âge, le jugement mûrit, et si l'âge accepte le mal, ce n'est pas par désintéressement, mais parce qu'il a été instruit par le sérieux de la vie et a appris à se diriger vers le fond substantiel et solide des choses (22). » « Voici donc la conclusion de la philosophie... le seul idéal est ce qui est réel. L'idée se rend perceptible dans le monde (23). » En hégélianisant la Providence, on n'a pas de peine à la faire entrer dans le schéma de la raison universelle identique dans son fond au mouvement de l'être.

Quant aux « ruses de la raison », elles concernent surtout les individus. Chacun croit réaliser ses propres buts, défendre ses intérêts, il ne fait qu'accomplir sans s'en rendre compte un destin plus vaste et qui le dépasse. Il est inutile alors de parler en terme de bien ou de mal, ou même d'opposer intérêt privé et intérêt général comme le font les politiques lorsqu'ils veulent imposer des mesures impopulaires. César croyait se battre pour lui ; il instaurait l'Empire sans le savoir et sans le vouloir. Extraordinaire théorie d'une raison qui fonctionne comme instinct collectif de l'humanité, comme inconscience universelle opposée à la fausse prise de conscience que chacun élabore en réfléchissant sur ses intérêts et ses actes... La vérité de l'histoire ne passe pas par l'individu, mais elle se développe comme sens immanent d'une totalité qui échappe à chacun. Que signifie alors cette énigmatique raison ? Nous serions tenté de répondre : le contraire de ce qu'elle a l'air de dire. Au point de départ, on se croit dans un rationalisme strict où le discours philosophique se présente comme organisant les événements et le champ des civilisations. Au point d'arrivée, on aboutit à une immense justification de ce qui a été et de ce qui est. Finalement plus rien n'importe. Les volontés et les intérêts s'abolissent tandis que chemine, par delà les choix et les destins individuels, un inconscient collectif, plus ancien que les actes, plus fondamental que les agitations vaines des êtres. Certaines pages de Hegel font penser à Lévi-Strauss.

(22) *Raison dans l'histoire*, p. 100.
(23) *Id.*, p. 101.

Tout s'y passe en dehors de l'individu et sans lui. Seuls sont sauvés ceux qui s'identifient à un moment de l'esprit : « Les individus donc ont de la valeur lorsqu'ils sont conformes à l'esprit de leur peuple, lorsqu'ils sont ses représentants et s'adjugent un rang particulier dans la vie de l'ensemble (25). » Sans doute, l'ethnologue ignore-t-il les grands hommes... Mais sur le fond, les positions ne diffèrent guère : l'homme réalise sans le savoir les immenses possibilités d'une raison que Lévi-Strauss identifie à l'échange et à la classification, que Hegel assimile au développement de l'idée.

Dans ces conditions, on ne sort jamais des « ruses de la raison ». Par exemple « il est vital pour la liberté de l'État que le rang (*Stand*) soit le résultat du libre arbitre de l'individu : la répartition des tâches auxquelles l'individu voudra bien se dévouer, ne doit pas être faite à la manière des castes (26) ». Chacun se détermine donc apparemment librement en fonction de ses intérêts et de sa place dans la société. Mais en réalité il ne peut le faire qu'à condition d'avoir déjà « intériorisé » les valeurs de la cité dans laquelle il vit. Au système ancien des castes, où l'ordre est imposé de l'extérieur, le monde actuel a substitué celui de la liberté de choix qui n'est rien d'autre que l'exigence d'une situation. « Chaque individu est un maillon aveugle dans la chaîne de la nécessité absolue par laquelle le monde se cultive », disait déjà Hegel à Iéna (27).

MOUVEMENT ET DIALECTIQUE

Mais comment déterminer cette nécessité et cet ordre ? Sur ce point s'affrontent les interprètes et, il faut bien l'avouer, les textes de Hegel ne permettent pas toujours d'éclaircir les difficultés. Très schématiquement, on peut dire que dès sa jeunesse le philosophe récuse le schéma d'un développement linéaire de l'humanité et d'un accroissement quantitatif du progrès. Il oppose constamment le faux

(25) *Raison dans l'histoire*, p. 117.
(26) *Id.*, p. 117.
(27) *Dokumente*, cité par J. d'Hondt, *op. cit.*, p. 206.

infini des mathématiques et l'infini réel de l'esprit, dont l'image est un cercle, symbolisant le retour à soi du savoir. Mais ce cercle engage dans de nouvelles difficultés, puisqu'il semble refermer le savoir sur soi et l'histoire dans une éternelle réminiscence. Ce qui permet à Lukàcs d'affirmer qu'on se trouve en face d'une variante des vieilles théologies (28), et, en parcourant un pas de plus, on tombe dans l'interprétation althussérienne qui consiste à réduire l'hégélianisme à une philosophie de l'expression (29). Pour notre part nous pensons qu'il s'agit de simplifications que justifie sans doute le point de vue polémique des auteurs, mais que récusent les analyses plus fines des spécialistes. A notre avis, P. J. Labarrière a raison d'affirmer : « La Science... n'est rien d'autre que « l'histoire conçue » — puisque le logique est le chronologique compris... Loin de mettre un terme à l'histoire, le Savoir absolu la fonde de la façon la plus rigoureuse, jusqu'en son mystère déconcertant (30). » Dans ces conditions, il devient clair que l'idée de processus ne se clôt pas sur l'image trop facile du cercle. A moins qu'il ne s'agisse d'un cercle dont la circonférence est nulle part et le centre partout...

Si chaque civilisation incarne une étape de la vie de l'esprit, il faut déterminer comment se façonne le moment qui la caractérise. Hegel, on le sait, distingue quatre étapes principales dans l'histoire de l'humanité, correspondant à des contenus divers de la liberté. « La détermination plus précise de ces étapes doit être donnée par la logique quant à son caractère général, et par la philosophie de l'esprit quant à son caractère concret (31). » Paroles énigmatiques puisque le sort de l'histoire se règle ailleurs... Un certain nombre de contre-sens doivent être évités. D'abord, il ne suffit pas de rabattre l'histoire sur la manifestation de l'idée, car on oublierait que le vrai se produit à travers le travail du négatif et les affrontements au monde. De même, le développement ne saurait être conçu selon l'approximation bio-

(28) Lukàcs, *Der junge Hegel*, p. 418. Berlin 1954.
(29) Althusser, *Lire le Capital*, II, p. 43.
(30) P. J. Labarrière, *Structures et mouvement dialectique dans la Phénoménologie de l'esprit de Hegel*, p. 261. Paris 1968.
(31) *Raison dans l'histoire*, p. 184.

logique parfois utilisée par Hegel. L'histoire ne fonctionne pas comme le germe qui porte en lui la fleur, parce qu'ici, il ne s'agit que du même reproduisant du même. L'histoire implique la liberté, ce qui signifie qu'elle est de l'ordre du concept : « La nature logique, ou, mieux encore, dialectique du concept en général est de se déterminer lui-même, de poser en soi des déterminations et de les supprimer et de les dépasser (*Aufheben*) en acquérant par là une détermination plus riche et plus concrète (32). » Et le texte précise qu'il faut entendre par déterminations, d'abord l'esprit d'un peuple, ensuite ce qui caractérise son éthique, sa culture, sa technique, son industrie. Ces déterminations posées par l'esprit se distinguent des catégories finies de l'entendement et des événements bruts. Et ici, Hegel compare d'une manière très kantienne le philosophe de l'histoire et le savant : de même que Képler devait connaître « *a priori* les ellipses, les cubes, les carrés et leurs relations, avant même de pouvoir formuler, à partir des données empiriques, ses lois immortelles... », de même l'historien doit connaître l'essentiel, c'est-à-dire la conscience de la liberté (33). Enfin, dernière erreur à éviter : le concept n'est pas l'essence, puisqu'il ne recouvre pas la dichotomie apparence essence, mais qu'il arrive seulement à la fin de la Logique, lorsqu'apparaît la liberté, les déterminations en soi et pour soi. Avec le concept, on sort des abstractions élémentaires où le passage consiste seulement en une évolution pensée selon le modèle de l'éclosion, tandis que pour l'Esprit « elle constitue une lutte dure infinie, contre lui-même. Ce que l'esprit veut c'est atteindre son propre concept ; mais lui-même se le cache et dans cette aliénation (*Entfremdung*) de soi-même, il se sent fier et plein de joie (32)». En confondant le processus comme répétition uniforme du même et le processus comme progrès, on s'interdit de comprendre la nature de l'histoire.

Reste un second problème : comment s'effectuent les déterminations de la liberté et comment se caractérisent-elles ? D'abord, il faut le souligner : la détermination n'est

(32) *Id.*, p. 197.
(33) *Raison dans l'histoire*, p. 198.
(34) *Id.*, p. 180.

jamais simple chez Hegel. Elle ne se réduit pas à poser une différence et à retrouver, sous une forme plus ou moins camouflée, une nouvelle identité, pensée comme résultat du processus dialectique. Le moment de la négation est toujours double : une première négation immédiate qui pose une différence absolue, une seconde négation (qu'on appelle souvent négation de la négation) qui est la suppression de la négation, c'est-à-dire le processus dans son moment essentiel. Mais il semble qu'il y ait une distinction entre la Logique et l'Histoire. Dans la Logique, le devenir est en quelque sorte homogène à lui-même et les contradictions n'expriment que les diverses formes de l'automouvement du contenu et de la totalité. En revanche, dans l'Histoire, le temps devient décisif, et chaque expérience, dans les contradictions qu'elle suscite, implique à la fois une perte de l'état antérieur et un apprentissage nouveau. Ici la contradiction est vécue dans son originalité, dans sa temporalité neuve et incomplète : « le négatif est le négatif de soi-même (35) ». Cette dimension donne un privilège à l'histoire puisqu'elle seule peut expliciter le sens et préparer les conditions d'apparition de la Science. Ainsi s'explique le privilège des déterminations de la liberté sur toutes les autres formes de déterminations.

Des quatres étapes retenues par Hegel, nous ne dirons pas grand-chose. Au monde oriental correspond l'identité où l'individu n'a pas encore conquis son autonomie et son savoir de soi. Puis arrive le monde grec où s'épanouit la belle individualité éthique. Enfin, l'esprit se scinde dans cette époque qui correspond à l'Empire romain, à la conscience malheureuse et au christianisme médiéval. On en vient aux temps modernes qu'inaugure la Réforme et qu'accomplit la Révolution française : « Le principe de la quatrième formation est le renversement de cette opposition : L'esprit reçoit dans son intériorité sa vérité et son essence concrète, se réconcilie dans l'objectivité, puisque cet esprit revenu à la première substantialité est l'esprit revenu de l'opposition infinie ; l'esprit produit et connaît sa vérité en tant que pensée et monde actuel soumis à des lois (36). » Ainsi le

(35) *Phénoménologie*, T. II, p. 311.
(36) *Raison dans l'histoire*, p. 303.

privilège épistémologique du présent sur le passé implique une dévalorisation « conceptuelle » des civilisations antérieures. Rien n'est plus étranger à Hegel que l'idée d'une valeur semblable de chaque civilisation s'épanouissant chacune selon sa voie et ses propres différences. L'histoire ne se vit que sur le mode de l'annonciation, d'un sens qui se découvre rétrospectivement. Les notes qui nous restent de *La raison dans l'histoire* font regretter les analyses plus percutantes des œuvres de jeunesse sur le rôle du négatif ou du travail... Mais entre ces œuvres, il s'était passé un événement théorique, *La philosophie du Droit* de 1821 où Hegel remanie sérieusement certains thèmes et où il élabore le rôle de l'État dans la société moderne. Ces nouvelles analyses transforment les perspectives de jeunesse et expliquent certains silences.

LA PHILOSOPHIE DU DROIT ET LA CLASSE UNIVERSELLE

Tout comme l'histoire, le droit porte sur l'existence de la volonté libre : « l'histoire de l'esprit c'est son action car il n'est que ce qu'il fait ». Dans l'étude du droit, Hegel décrit les déterminations sociales des divers types d'activité telles qu'elles s'incarnent dans des institutions ou des comportements positifs. On n'aborde ici ni l'évolution des civilisations, ni les cheminements de la conscience, ni l'histoire des institutions juridiques ou politiques. Fidèle à sa méthode, Hegel suppose connue la théorie du concept et décrit dans le système du droit « l'empire de la liberté réalisée, le monde de l'esprit produit comme seconde nature à partir de lui-même (37) ». Il s'agit d'une sorte d'analyse « sociologique » des divers rapports de l'individu à la société qui conduit le lecteur des moments les plus abstraits (la propriété, le contrat, l'injustice) au moment le plus riche : l'État. Pour notre propos, deux passages sont décisifs : la première partie qui est consacrée à la propriété, enfin le rapport des classes et de l'État. C'est ici que se révèlent les idées de Hegel sur l'actualité et qu'apparaissent les « blancs » ou les « non-dits » de son discours.

(37) *Philosophie du Droit*, p. 40, trad Kahn, Paris 1940.

Le texte est dirigé contre un certain nombre d'illusions qui, selon l'auteur, menacent l'équilibre d'une société. Il récuse d'abord l'État platonicien parce qu'il supprime la propriété, il s'attaque ensuite aux utopies égalitaristes et socialistes parce qu'elles abolissent la différence entre les individus, enfin il récuse tous les hypothétiques retours à un état de nature parce qu'ils ne tiennent pas compte de l'évolution et des transformations nécessaires des individus à travers l'histoire. Résolument moderne, *La philosophie du Droit* prend parti devant les grands problèmes contemporains. A la fois dirigée contre Rousseau et les réactionnaires allemands (Von Haller), elle cherche à fonder une théorie de l'État post-révolutionnaire en s'appuyant sur deux idées forces : la liberté comme bien propre et inaliénable de chaque individu, la possibilité pour chacun de choisir sa place dans la société. Ni Rousseau, ni Kant n'ont compris la nature de la liberté qui, parce qu'elle se définit comme conscience de la nécessité, doit s'incarner dans le réel et non dans les illusions lyriques du formalisme moral ou dans les élans des assemblées révolutionnaires. La liberté se définit comme propriété : « La personne a le droit de placer sa volonté en chaque chose, qui alors devient même et reçoit son but substantiel (qu'elle n'a pas en elle-même) comme destination et comme âme, ma volonté. C'est le droit d'appropriation de l'homme sur toutes choses (38). » Que cette appropriation apparaisse sous forme d'un objet différent de moi, ou comme possession d'un corps et de capacités physiques et intellectuelles, l'individu possède d'abord. Hegel — on ne le fait pas assez remarquer — retrouve en droite ligne tous les philosophes politiques anglais si bien décrits par Mac-Pherson comme « individualistes possessifs ». Perdu sur une île déserte, il reste encore à Robinson une propriété : sa liberté et ce qui l'accompagne, le pouvoir de saisir, de fabriquer, de posséder. Par là se trouve complétée et dépassée la dialectique du maître et de l'esclave. Celle-ci ne correspond plus à la société moderne puisqu'elle suppose l'affrontement entre deux êtres qui mettent leur vie en jeu pour sortir de l'état de nature. Après la Révolu-

(38) *Philosophie du droit*, p. 63.

tion, toute personne possède et se définit comme citoyen ou comme bourgeois. « Dans la société civile c'est le Bürger (comme bourgeois) » (39) qui est l'objet de la recherche, en tant qu'il travaille et se répartit en classes sociales.

Ayant défini l'homme par la possession et la liberté, Hegel n'a pas de peine à montrer que la division en classes correspond à une certaine division du travail : la classe substantielle ou paysannerie tire ses ressources du sol, la classe industrielle « s'occupe des transformations du produit naturel et ses moyens de subsistance viennent du travail, de la réflexion, de l'intelligence et aussi de la médiation des besoins et des travaux d'autrui (40) ». Elle se divise en trois groupes, les artisans qui travaillent pour des besoins individuels, le travail de masse dans les fabriques, et enfin les commerçants qui échangent. Arrive enfin, dans sa splendeur, la classe universelle (que nous serions tenté d'appeler bureaucratie). « La classe universelle s'occupe des intérêts généraux, de la vie sociale ; elle doit être dégagée du travail direct en vue des besoins, soit par la fortune privée, soit par une indemnisation de l'État... (41). »

Tripartition étonnante : les guerriers ont disparu (remplacés par le citoyen travailleur-soldat), la classe industrielle ne voit que très secondairement s'opposer les prolétaires et les capitalistes, quant à la classe universelle elle ne sait si elle doit s'imaginer selon le modèle du philosophe-roi ou selon celui du bureaucrate. Noble sort de l'administration qui n'a qu'un but : réaliser et faire respecter le bien de l'État. En lui s'incarne, on le sait, l'idée morale, la liberté substantielle, le rationnel en soi et pour soi. Agent de l'histoire, l'État moderne échappera aux excès révolutionnaires et révélera dans son accomplissement la forme la plus haute du Progrès. Enfin, ne l'oublions pas, l'individu n'est pas écrasé par cette superbe machine. Bien loin que son appartenance à une classe dépende des circonstances ou de sa situation, « elle dépend essentiellement et souverainement de l'opinion subjective et de la volonté particulière (42) ».

(39) *Philosophie du droit*, p. 158.
(40) *Id.*, p. 163.
(41) *Id.*, p. 164.
(42) *Id.*, p. 164.

Et Hegel de railler les jeunes gens qu'effraye cette nécessité de se décider pour une classe particulière.

Ces textes sont trop connus pour qu'on y insiste. Depuis le livre d'Eric Weil (43), on sait qu'il faut nuancer l'opinion traditionnelle d'un Hegel « philosophe de l'État prussien ». En effet, la Prusse, à l'époque de la Restauration, ne ressemblait pas à cet épouvantail qu'on a présenté à des générations de Français. Forgée par les guerres contre Napoléon, la Prusse avait un potentiel économique assez développé, une politique « progresssite » de l'éducation, et même une relative liberté que d'autres pays auraient pu lui envier. Hegel « représentant de la grande bourgeoisie » ? Plutôt de « la petite bourgeoisie », comme l'affirme avec plus de vraisemblance Marcuse (44). Toute son œuvre politique consiste à éviter deux écueils : l'individualisme qui conduit, selon lui, au fanatisme ou à la Terreur, le pouvoir de la noblesse ou de la partie dominante de la classe industrielle qui rétablit l'inégalité. D'où cette mythique classe universelle chargée de défendre les intérêts d'un État totalement abstrait, censé incarner les formes les plus riches de la rationalité et de la liberté.

Arrivé à ce point, le commentateur se tait pudiquement ou en profite pour récuser tout l'édifice hégélien. Nous ne tenterons pas une impossible défense de *La philosophie du droit* : le réalisme le plus lucide s'y heurte à ses propres limites, la détermination interne du concept. Pris dans les rets du système, Hegel n'évite pas ce qu'il reproche continuellement aux autres philosophes : l'abstraction et la reconstruction arbitraire. Mais qui y a échappé avant lui ? Platon ? Hobbes ? Rousseau ?... Disons seulement que tous ces textes permettent plusieurs lectures. Une lecture traditionnelle montre Hegel s'arrêtant à une réconciliation où Droit, Nature et Logos enfin arrivés à la pleine conscience saisissent leur véritable réalité. La contradiction expulsée, il ne resterait plus qu'une fermeture de l'esprit absolu sur sa propre substantialité. Comme la plupart des penseurs antérieurs, Hegel serait resté prisonnier du mythe de l'im-

(43) E. Weil, *Hegel et l'État*, Paris 1950.
(44) Marcuse, *Raison et révolution*, traduc. franç. Paris 1972.

Les Philosophies de l'histoire.   2

possible unité. Cette tentation existe. De nombreux textes montrent le savoir se refermant sur lui-même, puisqu'une fois déterminé l'ordre et la progression des concepts, le système devient cercle de cercles. Défaut commun de toutes les grandes philosophies spéculatives. Mais en même temps une autre lecture peut se concevoir, appuyée, elle aussi, sur de nombreux textes. Avec la quatrième période de l'Histoire, la rationalité s'est enfin découverte dans son principe et le XIXᵉ siècle accomplit ce qui jusqu'à lui était resté en germe et n'avait pas trouvé son explication. Alors que signifie ici clôture ? Tout simplement : la Préhistoire est terminée, l'Histoire commence...

2
LA GENÈSE
DU MATÉRIALISME HISTORIQUE

> « Cette conception de l'histoire a donc
> pour base le développement du procès réel
> de la production ; et cela en partant de la
> production de la vie matérielle immédiate. »
>
> (*Idéologie allemande*, p. 62. Éd. Sociales, Paris 1971)'

Nous répétons avec Marx l'expérience malheureuse que le Moyen Age avait faite avec Aristote. Et à défaut d'un Averroès *che il gran comento feo*, nous suivons les épigones dans des tentatives d'interprétation qui conduisent, tour à tour, aux cercles inférieurs ou supérieurs d'une *Divine comédie* qui a connu plus d'Enfers que de Paradis. Perdu sous des milliers de pages de commentaires, chacun tente en vain, en proposant sa lecture, de retrouver le texte. Et comme l'enjeu dépasse les simples joutes universitaires et qu'il engage une politique et l'avenir, le chercheur se sent interpellé avant d'avoir lu, se « censure » avant de parler (surtout s'il est « politisé »), se croit critiqué ou adopté avant d'avoir placé un mot. Sous l'œil sans complaisance de l'autre, il pose quelques banderilles pour initiés... Oserons-nous courir ce risque ?

Selon nous, on se méprend gravement sur Marx si on oublie que toute sa réflexion fonctionne selon deux « instances » qui ne se recoupent pas exactement et qui constituent l'originalité de la recherche. A privilégier l'une ou à minimiser l'autre, on retombe dans de vieilles polémiques dont chaque génération a le triste privilège de réinventer, pour son propre compte, une figure qui n'a de neuf que le langage et les modes. La première instance se veut scientifique et s'exprime surtout dans la *Contribution à la critique de l'économie politique* (1859) et dans le *Capital* (1867). En décrivant théoriquement le fonctionnement du système capitaliste, Marx dévoile, en s'opposant à l'économie politique classique, les mécanismes qui permettent la reproduction du capital. Analyse abstraite où les principales catégories ne sont pas déduites à partir de leur genèse historique, mais où elles s'engendrent en fonction d'une réflexion sur la marchandise. (On peut d'ailleurs se demander si cette méthode diffère tellement de celle de Hegel.) En même temps, Marx poursuit un travail critique qui ne se place pas proprement sur le plan de la science, mais qui est en quelque sorte « l'index » du point de vue phénoménal du retournement que le système fait subir à tous les rapports au monde (1). Nous voulons parler de l'aliénation, de la mystification sous toutes ses formes, de l'idéologie. Ces deux axes de la recherche ne se peuvent séparer, comme on le fait souvent, en distinguant des œuvres de jeunesse encore influencées par la philosophie et des œuvres de maturité où serait enfin advenue la coupure épistémologique. Il nous paraît inexact d'affirmer que le concept d'aliénation est un concept pré-marxiste (2). Il parcourt de part en part l'analyse théorique, même s'il se place à un autre niveau. Étant le ressort secret qui permet de voiler la mystification sur laquelle est fondée la domination capitaliste, l'aliénation sous ses diverses formes (réification, fétichisme, idéologie...) joue comme un frein empêchant la prise de conscience. Le système capitaliste ne se perpétuerait pas sans cette organisation nécessaire de l'illusion. Il n'y a pas de travail révolutionnaire sans démystification de l'aliénation.

Projet critique et projet scientifique sont donc indissolublement liés dans le marxisme. Et on risque de retomber dans l'économisme de la Seconde Internationale à ne vouloir

(1) Lyotard, *Dérive à partir de Marx et Freud*. Paris 1973, p. 89 sq.
(2) Althusser, *Pour Marx*, passim (Paris 1965). Idée corrigée dans la *Réponse à John Lewis*, p. 58 (Paris 1973).

interpréter le *Capital* seulement sous la forme d'une révolution épistémologique, tout comme on sombre dans la métaphysique à n'insister que sur l'humanisme et l'aliénation. Lire Marx est difficile — impossible même — parce que son œuvre ne se donne pas dans la clôture d'une belle totalité, ni dans l'achèvement d'une circularité se retournant sur elle-même. Problèmes d'interprétations, problèmes d'écoles... Sans compter tous ces blancs chargés de sens où nous projetons nos propres préoccupations. Nous suivrons très banalement les textes dans l'ordre chronologique pour assister à la genèse du matérialisme historique et à l'élargissement de la problématique à partir de la *Contribution*.

LA GENÈSE DU MATÉRIALISME HISTORIQUE

C'est en 1843, avec la *Critique de la philosophie du droit de Hegel* (3), que Marx commence véritablement à régler ses comptes avec la philosophie idéaliste et avec les illusions politiques des jeunes hégéliens. Il ne s'agit plus de réfuter, mais d'anéantir les racines de l'illusion : « Quand elle est en lutte (avec l'État allemand), la critique n'est pas une passion du cerveau, mais le cerveau de la passion. Elle n'est pas un scalpel, elle est une arme. Son objet est son ennemi qu'elle veut non pas réfuter mais anéantir (4). » Projet radical qui aboutit à un renversement des perspectives hégéliennes de l'histoire. A l'activité interne de l'idée, il faut substituer l'étude réelle du fonctionnement de l'État et ne pas confondre Logique et Politique : « La logique ne sert pas à montrer le caractère de l'État, mais l'État sert à montrer le caractère de la logique (5). » L'aspect mystificateur de la dialectique de l'idée sur lequel avait déjà insisté Feuerbach doit être dénoncé concrètement et les analyses de Marx sont impitoyables lorsqu'elles retournent les divers concepts de la politique hégélienne. Par exemple Marx est féroce envers la

(3) La vieille traduction Molitor aux éditions Costes est pratiquement introuvable. Il existe une traduction partielle par M. Simon (Aubier, Paris 1971). Texte allemand, *Marx Engels Werke*, Band I, Dietz Verlag, Berlin 1972.
(4) *Critique*, p. 61 (Aubier). Dietz, I, p. 380.
(5) *Kritik der Hegelschen Staatsrechts*, p. 216.

classe universelle qu'il traite de bureaucratie et qu'il assimile aux Jésuites. Formule lapidaire : « *Die Bürokratie ist* la république prêtre (6). » Et de dénoncer le double aspect de chaque réalité dans la bureaucratie : « Chaque chose a une double signification, une signification réelle et une signification bureaucratique... La bureaucratie avant l'essence de l'État, l'essence spirituelle de la société, la considère comme son bien propre (7). » Impitoyable sur le rôle attribué aux « états » par Hegel, Marx n'a pas de peine à montrer que ceux-ci, loin d'exprimer les intérêts de chaque classe ne font, en réalité, que refléter les contradictions internes de la société bourgeoise. En somme, il récuse à la fois la méthode et ses conséquences. A cette époque, le retour au concret devient le leitmotiv. Aussi l'histoire ne déroule-t-elle pas comme chez Hegel de mystérieuses déterminations de la liberté, mais elle exprime des contradictions réelles vécues par des individus. Il s'agit de redescendre dans le réel. Dans les années 1842-1844, Marx n'était pas hostile à un historicisme puisqu'il cherchait la genèse réelle des institutions et des événements par delà les déterminations abstraites du concept. Il ne suffit pas de montrer les contradictions de la constitution, mais d'en faire apparaître la nécessité en saisissant la logique particulière de chaque chose. Cette logique reste encore fort imprécise, et comme chez Feuerbach le matérialisme ne se distingue pas du retour au concret. Pour interpréter les grands mouvements de l'histoire, Marx en reste, comme les théoriciens anciens ou révolutionnaires, à la lutte entre les riches et les pauvres. Et les solutions positives qu'il propose au problème du pouvoir ne dépassent pas le vœu d'une république fondée sur le suffrage universel.

Cependant, il découvre, en s'opposant à Hegel, le rôle de l'individu et il dénonce — tout comme Feuerbach — le sacrifice de la personne à la réalisation de l'idée. La naissance des enfants n'est pas la mort des parents et l'État n'incarne pas l'Idée. Il est le fruit d'activités particulières, de fonctions sociales et économiques. Plus qu'un retour à l'individu, Marx vise d'abord la conception d'une liberté conçue

(6) *Id.*, p. 248.
(7) *Id.*, p. 249.

comme « la conscience de la nécessité », c'est-à-dire la théorisation d'un ordre où le système devient l'alibi de toutes les aliénations. Il suffit qu'elles soient récupérées dans le Savoir absolu ou dans une étape plus riche conceptuellement pour que soit finalement niée leur existence irréductible. Les *Manuscrits de 44* vont le montrer avec éclat en distinguant l'idéologie comme système aliéné par essence, produisant son renversement dans l'illusion d'un savoir totalisant, et de l'autre côté l'aliénation du travailleur en face de son travail : « C'est pourquoi toute l'histoire de l'aliénation et toute la reprise de cette aliénation ne sont autre chose que l'histoire de la pensée abstraite, c'est-à-dire absolue, de la pensée logique spéculative (8). » Le pas est franchi : de la critique de la *Philosophie du Droit* de Hegel, Marx est passé à la critique de la philosophie et des abstractions justificatives. Il approfondit le thème feuerbachien d'une philosophie reprenant au niveau abstrait les mêmes erreurs que celles de la religion. La recherche de l'infini, le jeu du saisissement et du dessaisissement de soi s'articulent toujours sur le même fond de manque et de réconciliation. Le philosophe sépare pour mieux retrouver dans une totalisation théorique ce qui dans la vie indique des contradictions réelles.

En démythifiant l'aliénation « métaphysique » des philosophes, Marx veut montrer le mode de production d'une illusion qui croit encore à l'autonomie de la pensée. La réflexion critique sur l'économie devient alors décisive puisqu'elle découvre l'origine réelle de l'aliénation du travailleur : « l'ouvrier est à l'égard de son travail dans le même rapport qu'à l'égard d'un objet étranger ». Ainsi se dessinent, sous une forme encore descriptive, les premières tentatives d'analyse des mécanismes du travail dans la société capitaliste. Le détour par l'aliénation joue selon deux registres dans les *Manuscrits de 44* : d'une part, pour déceler dans les philosophies de l'aliénation, la reprise du vieux thème religieux de la scission, de l'autre pour chercher la racine réelle de l'aliénation dans le système d'exploitation. D'un côté une « idéologie » qui se présente comme essence de l'homme, de

(8) *Manuscrits de 44*, p. 120 (Éditions Sociales).

l'autre un fait irréfutable, le désaisissement de l'ouvrier dans son travail. Ce second aspect sera le moteur de la recherche ultérieure : analyse théorique du système, organisation révolutionnaire et propagande.

Qu'en est-il, dans ces esquisses du jeune Marx, d'une première approche de l'histoire ? Négativement, on pourrait se contenter d'affirmer que seul l'aspect idéaliste est critiqué : le développement du concept ne commande pas l'histoire. Sur ce point, rien d'original : Feuerbach l'avait répété. Mais, à notre avis, l'intérêt de ces textes se situe ailleurs, en montrant le hiatus entre une critique percutante et une théorie à trouver. L'histoire y joue à plusieurs niveaux qui ne sont pas encore reliés entre eux.

1) L'histoire est ce qui permet de comprendre l'homme actuel et de ne pas le figer dans une essence éternelle. « La formation des cinq sens est le travail de toute l'histoire passée. » De même le développement actuel de la civilisation renvoie à sa genèse.

2) L'histoire humaine ne doit pas se séparer de l'histoire de la nature : « l'histoire elle-même est une partie réelle de l'histoire de la nature, de la transformation de la nature en homme (9) ». Et conséquences épistémologiques : dans l'avenir, il n'existera qu'une science universelle englobant les sciences de l'homme et celles de la nature.

3) L'histoire est engendrement de l'homme par l'homme à travers le travail et l'affrontement au monde. On reconnaît ici la *bildung* hégélienne, mais débarrassée de la mythique reconnaissance des consciences.

4) Enfin « le mouvement entier de l'histoire est d'une part l'acte de procréation réel du communisme — l'acte de naissance de son existence empirique — et d'autre part, il est pour sa conscience pensante, le mouvement compris et connu de son devenir (10) ». Donc l'abolition de la propriété privée aura deux conséquences : le passage au communisme et la pleine conscience, ce qui permettra de dépasser aliénations et idéologies.

Pourtant une phrase énigmatique termine le troisième

(9) *Manuscrits de 44*, p. 96.
(10) *Id.*, p. 87.

manuscrit. « Le communisme est la forme nécessaire et le principe énergétique du futur prochain, mais le communisme n'est pas en tant que tel le but du développement humain — la forme de la société humaine (11). » Ce qui signifierait, semble-t-il, que si le communisme est la prochaine étape de l'histoire de l'humanité, celle-ci sera à son tour dépassée.

Ces divers aspects de l'histoire ne fonctionnent pas selon des principes homogènes. Les trois premiers impliquent une vision génétique où l'homme s'engendre lui-même par son travail. Le dernier postule un saut dans l'avenir et une affirmation selon laquelle la fin de la propriété signifie la fin de l'aliénation. Une fracture s'opère dans le devenir. A une « préhistoire » où l'homme s'engendre dans l'affrontement à la nature et les aliénations, succède la réconciliation du communisme. Utopie ou reprise du thème traditionnel de l'avant et de l'après ?

L'IDÉOLOGIE ALLEMANDE (1846) ET L'ÉLABORATION DU MATÉRIALISME DIALECTIQUE

Un pas décisif est franchi avec l'élaboration de l'*Idéologie allemande*, texte non publié, mais où Marx et Engels déterminent les grands traits du matérialisme historique (12). Aussi cette œuvre doit-elle être lue avec circonspection dans la mesure où des concepts décisifs comme celui de plus-value ne sont pas encore dégagés et où le vocabulaire reste approximatif et parfois ambigu. Époque de bouillonnement créateur dont il ne faut pas prendre à la lettre toutes les formules.

Un texte bien connu des *Thèses sur Feuerbach* (13) montrera le renversement de problématique : « Le principal défaut, jusqu'ici, du matérialisme de tous les philosophes — y compris celui de Feuerbach — est que l'objet, la réalité, le monde sensible n'y sont saisis que sous la forme d'objet

(11) *Id.*, p. 99.
(12) *Idéologie allemande*, publiée en 1932, exception faite pour le chap. IV du second tome qui a paru dans le *Westphälisches Dampfboot* en 1847.
(13) Publiées seulement en 1888 par Engels, comme appendice à son *Feuerbach*.

ou d'intuition, mais non en tant qu'activité humaine concrète, non en tant que pratique, de façon subjective. Ce qui explique pourquoi l'aspect actif fut développé par l'idéalisme, en opposition au matérialisme — mais seulement abstraitement, car l'idéalisme ne connaît naturellement pas l'activité réelle, concrète comme telle (14). » Ce texte nuancé devrait bien être médité par les nouveaux prophètes qui réduisent l'histoire de la philosophie à l'occultation du matérialisme et au triomphe de « la » métaphysique : ils comprendraient enfin le succès historique de l'idéalisme qui a su développer « l'aspect actif » et l'échec relatif du matérialisme ancien qui en est resté à la contemplation ou à la position d'extériorité de l'objet. Enfin, deviendrait-il possible de réfléchir sérieusement sur l'histoire de la philosophie...

Le but est donc de retrouver l'activité réelle de l'homme, en dépassant à la fois l'ancien matérialisme et l'idéalisme récent. Pour Marx, le travail constitue l'homme et détermine tous ses rapports au monde : « Ce que les hommes sont coïncide donc avec leur production, aussi bien avec ce qu'ils produisent qu'avec la façon dont ils le produisent (15). » En affrontant la nature et en reproduisant ses conditions d'existence, l'homme se transforme. Mais contrairement à Hegel pour qui le travail était solidaire d'un approfondissement de la liberté qui scandait en définitive le déroulement de l'histoire, Marx fait du travail seul l'essence de l'homme, en le considérant comme la particularité biologique qui le distingue de la nature. C'est pour avoir récusé cette base réelle que les philosophies antérieures se condamnent aux abstractions et aux faux problèmes, aux querelles d'écoles, etc. Engagé dans un processus de production, l'homme se définit par celle-ci. « Le premier acte historique de ces individus, par lequel ils se distinguent des animaux, n'est pas qu'ils pensent, mais qu'ils se mettent à produire leur moyen d'existence (16). » En expulsant les discours réthoriques sur l'*animal rationalis*, on aboutit enfin à comprendre le statut des idées, en les référant à leur condition de production.

Marx, à cette époque, ne craint pas les affirmations pro-

(14) P. 31 (Éd. Sociales).
(15) *Idéologie allemande*, p. 46.
(16) *Id.*, p. 45.

vocantes (qui seront nuancées par la suite). Il n'y a pas d'histoire des idées (entendez d'histoire autonome), les idéologies mettent tout la tête en bas, philosophie, religion, métaphysique se meuvent dans le monde des apparences et prennent leur construction pour des vérités. « La philosophie cesse d'avoir un milieu où elle existe d'une façon autonome. A sa place, on pourra tout au plus mettre une synthèse des résultats les plus généraux qu'il est possible d'abstraire de l'étude du développement historique des hommes. Ces abstractions prises en soi, détachées de l'histoire réelle, n'ont aucune valeur (17). » Par rapport à la première thèse sur Feuerbach, ces textes paraissent beaucoup plus durs. En réalité, Marx veut critiquer l'apparente autonomie de l'idéologie dont a vécu toute la philosophie idéaliste et montrer que la production des idées, bien loin d'être le produit de la sensibilité, ne renvoie en définitive qu'à des conditions matérielles. D'où le gauchissement du raisonnement pour montrer l'inanité de la prétendue séparation entre le travail intellectuel et le travail manuel : « A partir de ce moment, la conscience peut vraiment imaginer qu'elle est autre chose que la conscience de la pratique existante, qu'elle représente réellement quelque chose sans représenter le réel (18). » Se croyant autonome, la conscience intellectuelle prétend que ses propres produits vivent de leur originalité, sans saisir ce qui les rattache aux diverses formes de la divisions du travail. Les illusions des intellectuels sur eux-mêmes dévoilent ce mode du renversement qu'ils récusent. Thèmes bien connus aujourd'hui, mais qui sonnaient neuf à l'époque... Il fallait dénoncer cette double aliénation de la culture, celle du penseur qui ignore le sens de sa production théorique, celle du prolétariat auquel on impose les valeurs de la classe dirigeante, en les lui faisant prendre comme des valeurs universelles.

La théorie des idéologies ne peut se séparer du matérialisme historique, puisque l'idéologie n'est que l'envers de ces rapports de production que va expliciter la conception de l'histoire. « ... n'importe quel problème philosophique profond se résout tout bonnement en un fait empirique... (19) »

(17) *Idéologie allemande,* p. 51.
(18) *Id.,* p. 60.
(19) *Id.,* p. 55.

43

et toute conscience est d'abord un fait social. Ceux que Marx appelle les « épiciers de la pensée », c'est-à-dire Bauer, Stirner, Grün, ont toujours cru que l'histoire s'écrit selon des critères extérieurs. On érige en absolu une abstraction quelconque et on interprète à travers elle les événements. Peu importe que ce soit l'Homme, l'Unique, la Religion, la Politique ou l'Idée hégélienne, le processus consiste toujours à chercher l'histoire hors des bases réelles, exactement comme le font les spécialistes bornés qui expliquent la propriété en Inde par le système des castes, au lieu de comprendre le système des castes par la forme rudimentaire de la division du travail. Ainsi commence à se dessiner le concept de mode de production, à travers bien des hésitations et bien des difficultés. A deux pages d'intervalle, nous trouvons deux définitions de l'histoire, dont l'une paraît très traditionnelle et l'autre beaucoup plus neuve. N'importe quel historien classique pourrait accepter ce texte : « L'histoire n'est pas autre chose que la succession des différentes générations dont chacune exploite les matériaux, les capitaux, les forces productives qui lui sont transmises par les générations précédentes ; de ce fait chaque génération continue donc, d'une part le mode d'activité qui lui est transmis... et d'autre part modifie les anciennes circonstances en se livrant à une activité radicalement différente (20). » La succession des générations, la transmission du savoir acquis déterminent l'histoire, avec tout au plus un certain rôle donné aux forces de production et à l'économique. En revanche, le second texte formule clairement, et pour la première fois, la théorie marxiste : « Cette conception de l'histoire a pour base et fondement le développement du procès réel de la production et cela en partant de la production de la vie immédiate ; elle conçoit la forme des relations humaines liée à ce mode de production et engendrée par elle, je veux dire la société civile à ses différents stades, comme étant le fondement de toute l'histoire, ce qui consiste à la représenter dans son action en tant qu'État aussi bien qu'à expliquer par elle l'ensemble des diverses productions théoriques et des formes de la conscience, religion, philosophie et morale, et à suivre sa genèse à partir de

(20) *Id.*, p. 65.

44

ces productions, ce qui permet alors naturellement de représenter la chose dans sa totalité (et d'examiner l'action réciproque de ses différents aspects) (21). » On a tellement « lu » ce texte qu'on ne sait plus le lire — et pourtant il pose de nombreux problèmes : 1) d'abord le procès de production manque encore de précision, bien que dans les pages précédentes Marx oppose déjà deux classes. 2) La notion de société civile héritée des économistes et de Hegel est considérée comme le fondement de toute l'histoire. 3) Les rapports société civile/État sont laissés dans le vide. 4) Enfin le problème de la totalité et de l'action réciproque des différents aspects manque pour le moins de clarté. Dans ses ambiguïtés, ce texte laisse entrevoir quelques-unes des polémiques qui agitent les philosophes marxistes (Société civile, contradiction, causalité et action réciproque...). Restent enfin les distinctions entre la révolution communiste et les autres révolutions qu'a connues l'humanité. Auparavant, les révolutions maintenaient l'ancien mode d'activité et modifiaient seulement la répartition du travail entre les groupes sociaux, tandis que dans la révolution communiste l'abolition des classes supprime toute forme de domination. Celle-ci suppose cependant deux conditions préalables : la transformation massive des hommes et l'existence de conditions objectives.

Telle quelle, l'*Idéologie allemande* apparaît comme un carrefour où passent des concepts d'origines diverses et où Marx, comme il l'a affirmé dans la *Préface à la Contribution*, élabore les grandes lignes du matérialisme historique. Mais il fallait préciser ces remarques encore trop vagues. Laissons la parole à Engels : « La partie achevée (de l'idéologie allemande) consiste en un exposé de la conception matérialiste de l'histoire qui démontre combien nos connaissances en matière d'histoire économique étaient faibles à cette époque. » Ne sollicitons donc pas trop ce texte.

LES ŒUVRES DE MATURITÉ

Ni *Misère de la philosophie* (1847), ni le *Manifeste du Parti communiste* (1848) ne retiendront notre attention dans cet

(21) *Idéologie allemande*, p. 69.

exposé, bien que la théorie de l'histoire que Marx vient de formuler y soit présente. Pour notre propos, le grand tournant se situe en 1859 avec la *Contribution à la critique de l'économie politique*. Comme on le sait, ce texte est le fruit d'années de travail et de réflexions sur l'économie. Rédigé sous plusieurs formes, partiellement inédit, plusieurs fois remanié, cet écrit pose de redoutables problèmes d'interprétation. Mais il n'en demeure pas moins que Marx est en possession des grands thèmes de sa pensée.

Méthodologiquement, un problème restait en suspens dans les œuvres de jeunesse puisque Marx semblait hésiter entre une analyse de type historique et une recherche abstraite sur la définition des grandes catégories de l'économie. On retrouvait donc ce clivage qu'avait jadis connu Hegel lorsqu'il opposait la méthode génétique de la *Phénoménologie de l'esprit* et la méthode abstraite de la *Logique* ou de l'*Encyclopédie*. A la première œuvre correspondaient les concepts d'aliénation, de travail, de prise de conscience. En revanche ces notions « existentielles » disparaissaient dans la *Science de la Logique* pour être remplacées par l'auto-engendrement des formes les plus abstraites (Être, non-être, devenir, etc.). Sous une autre forme Marx retrouve un problème semblable et suit une évolution théorique assez voisine de celle de Hegel : les œuvres de jeunesse et en particulier les *Manuscrits de 44* sont hantés par l'aliénation, tandis que le système insiste surtout sur une détermination des principaux concepts de l'économie. L'aliénation ne disparaît pas, puisqu'elle est l'indice de la situation aberrante dans laquelle le capitalisme maintient sa domination sur le prolétariat et les autres couches de la société. Mais elle s'inscrit dans un processus plus large qui est celui du fonctionnement du système en général dont il s'agit de construire les catégories : « Les catégories de l'économie bourgeoise sont des formes de l'intellect qui ont une vérité objective, en tant qu'elles reflètent des rapports sociaux réels, mais ces rapports n'appartiennent qu'à cette époque historique déterminée (22). » La méthode purement historique est dépassée, tout comme la problématique de l'*Idéologie allemande*. La diachronie ne suffit plus

(22) *Capital*, I, 88.

46

pour rendre compte du système et il s'agit de forger une méthode originale pour dégager les nouveaux « concepts ». Le bilan établi dans la lettre à Weydemeyer du 5 mars 1852 est dépassé. « Ce que j'ai apporté de nouveau c'est : 1) de démontrer que l'existence des classes n'est liée qu'à des phases historiquement déterminées du développement de la production. 2) Que la lutte des classes mène nécessairement à la dictature du prolétariat. 3) Que cette dictature elle-même ne représente qu'une transition vers l'abolition de toutes les classes et vers une société sans classe (23). » En ne soutenant plus un communisme abstrait comme dans les *Manuscrits de 44,* Marx aborde la partie la plus difficile de son travail théorique, qui consiste à analyser « en coupe » le système capitaliste, c'est-à-dire à trouver les phénomènes d'interdépendance entre la production, la distribution, l'échange, la consommation, etc. C'est bien pourquoi l'ordre de la recherche est inverse de l'ordre historique, parce qu'il implique la mise à jour de la si difficile catégorie de totalité. Bien entendu, il ne s'agit pas de la totalité conçue sur un modèle organiciste, mais de l'articulation et de la combinaison propre à chaque catégorie. « Il serait donc impossible et erroné de ranger les catégories économiques dans l'ordre où elles ont été historiquement déterminantes. Leur ordre est au contraire déterminé par les relations qui existent entre elles dans la société bourgeoise moderne, et il est précisément à l'inverse de ce qui semble être leur ordre naturel... Il s'agit de leur hiérarchie dans le cadre de la société bourgeoise moderne (24). » Le problème se déplace de l'histoire à l'articulation interne (*Gliederung*) des catégories de la société moderne. La méthode historique montre ses limites ; la genèse ne permet pas de dévoiler l' « essence ». On ne découvrira pas le rôle de l'argent ou de la banque dans la société bourgeoise en étudiant les banques lombardes ou le financement des opérations coloniales anglaises, mais en cernant la

(23) *Lettres sur le Capital*, 59 (Éd. Sociales).
(24) *Contribution à la critique de l'économie politique*, p. 171 (Éd. Sociales). Il s'agit en réalité de l'*Introduction à la critique de l'économie politique*, écrite en 1857 et non publiée du vivant de Marx. Une fois de plus, nouveau problème : peut-on fonder toute une interprétation de Marx sur un texte inédit ?

notion de valeur, de salaire ou de plus-value. Comme le disait déjà le vieil Aristote : ce qui est premier génétiquement, ne l'est pas du point de vue de la théorie (25). Vieille question, semble-t-il, et nous avouons ne pas comprendre l'insistance des contemporains à présenter cette problématique comme « inouïe »...

Mais la difficulté qu'avait à résoudre Marx était la production de sa propre théorie et c'est ici qu'il fait œuvre nouvelle. Il récuse d'abord les catégories trop larges (comme celle de population), les catégories mythiques (comme le bon sauvage ou les robinsonnades), les catégories pseudo-universelles de l'économie bourgeoise. Puis, à la suite de ses devanciers, il analyse la marchandise sous sa double forme de valeur d'usage et de valeur d'échange, en insistant sur les difficultés des théories antérieures. Par exemple, il montre comment Steuart (un des maîtres de Hegel en économie politique) est tributaire de catégories « fluides » qui ne sont pas encore séparées de leur contenu matériel. Il est donc très sensible au progrès de l'abstraction qui s'est effectué en un siècle. « La résolution de toutes les marchandises en temps de travail n'est pas une abstraction plus grande ni en même temps moins réelle que la résolution en air de tous les corps organiques (26). » Le progrès de toute théorie scientifique consiste alors en un affinement des concepts. D'où la distinction entre le texte de 57 qui est une réflexion méthodologique et la préface de 59 qui donne la définition classique du matérialisme historique. Pour comprendre cette sorte de circularité qui renvoie de la théorie à l'histoire, il faut prendre au sérieux une lettre à Engels du 14 janvier 1858 où Marx affirme : « Dans la méthode d'élaboration du sujet quelque chose m'a rendu grand service : par hasard j'avais refeuilleté la *Logique* de Hegel... Si jamais j'ai un jour de nouveau du temps pour ce genre de travail, j'aurais grande envie, en trois ou quatre placards d'imprimerie, de rendre accessible aux hommes de bon sens, le fond rationnel de la méthode que Hegel a décou-

---

(25) Aristote, *Métaphysique* 1018 b : « Mais l'antérieur selon l'ordre logique n'est pas le même que l'antérieur selon l'ordre sensible. » Id., *Politique*, I, 125 a : « Par nature la cité est antérieure à la famille et à chacun de nous ... »

(26) *Contribution...*, p. 10.

verte mais en même temps mystifiée (27). » Ainsi s'expliquerait la non publication du texte de 57 qui ne satisfait pas complètement Marx, qui lui préfère une analyse plus proprement économique. Il n'en reste pas moins qu'il affirme formellement avoir utilisé Hegel dans la « méthode d'élaboration du sujet ».

Qu'en est-il? Que reste-t-il de Hegel? La réponse paraît évidente, puisqu'il s'agit du rôle de la *contradiction* qu'ignoraient les prédécesseurs de Marx. Ainsi se bouclerait enfin le rapport entre histoire et théorie, entre l'analyse des rapports de production, des forces productives et une théorie de ces contradictions. Lisons le texte. « A un certain stade de leur développement, les forces productives matérielles de la société entrent en contradiction avec les rapports de production existant ou, ce qui n'en n'est que l'expression juridique, avec les rapports de propriété au sein desquels elles s'étaient mues jusqu'alors... Alors s'ouvre une période de révolution sociale... Lorsqu'on considère de tels bouleversements, il faut toujours distinguer entre le bouleversement matériel — qu'on peut constater d'une manière scientifiquement rigoureuse — des conditions de production économiques et les formes politiques, religieuses, artistiques ou philosophiques, bref, les formes idéologiques sous lesquelles les hommes prennent conscience de ce conflit et le mènent jusqu'au bout (28). » Ainsi la science historique prise au sens le plus étroit se réduit à l'étude des bouleversements matériels, tandis que l'intelligence générale du mouvement suppose une théorie de la contradiction. Ce texte doit être complété par les affirmations de la Postface à la seconde édition du *Capital* où Marx précise pourquoi il a repris la dialectique hégélienne, en la remettant sur ses pieds et en la dépouillant de sa gangue mystique. « Sous son aspect rationnel, elle (la dialectique) est un scandale et une abomination pour les classes dirigeantcs et leurs idéologues doctrinaires, parce que dans la conception positive des choses existantes, elle inclut du même coup l'intelligence de leur négation fatale, de leur destruction nécessaire ; parce que saisissant le

(27) *Lettres sur le Capital*, p. 83.
(28) *Contribution*, p. 4.

mouvement même, dont toute forme faite n'est qu'une négation transitoire, rien ne saurait lui imposer ; parce qu'elle est
essentiellement critique et révolutionnaire (29). » Il n'y a
pas de doute, la démystification de l'économie politique
bourgeoise et de la société contemporaine passe par la dialectique. Qu'on le veuille ou non, coquetterie ou pas, c'est la
contradiction sous toutes ses formes qui reste le moteur de
l'analyse marxiste. Et qu'on relise le texte sur la marchandise, on verra le rôle qu'elle joue dans l'étude théorique de la
valeur, du travail et de la plus-value.

TRAVAIL ET PLUS-VALUE

Dans les œuvres de jeunesse et surtout dans les *Manuscrits
de 44*, Marx refuse la théorie de la valeur-travail qu'avait
élaborée Adam Smith. Il la considère comme une abstraction
et soutient que seuls les prix sont concrets. A partir de l'*Idéologie allemande*, il évolue et reconnaît la valeur-travail, mais
il faut attendre *Misère de la philosophie* pour que le concept
en soit vraiment dégagé à travers une double polémique avec
Proud'hon et Ricardo (30). Quant à la théorie de la plus-
value, si elle est sous-jacente dans *Travail salarié et Capital*,
elle apparaît dans toute sa rigueur dans la *Contribution à la
critique de l'économie politique*. Résumons rapidement quelques thèmes bien connus. Marx distingue deux formes de
valeur et deux formes de travail qui leur correspondent. A la
valeur d'usage correspond « un travail concret et particulier
qui, suivant la forme et la matière, se divise en une variété
infinie de genres de travaux (31) », tandis que la valeur
d'échange se résout en travail abstrait. Or le travail salarié se
présente sous deux formes : pour le prolétaire qui vend sa
force, il est valeur d'échange, pour le capitaliste qui l'emploie,
il est valeur d'usage. De l'inégalité de ces deux aspects du
travail, de la situation inverse du prolétaire et du capitaliste,
naît ce phénomène inexplicable : la transformation de l'ar-

(29) *Capital*, I, p. 29.
(30) Sur cette évolution, voir E. Mandel, *La formation de la pensée
économique de K. Marx*. Paris 1970.
(31) *Contribution...*, p, 15.

gent en capital. « Il faut donc que, dans le cadre de la circulation, la capacité de travail soit mise en vente comme marchandise, puisque dans la circulation simple les échangeurs ne
s'affrontent qu'en qualité de vendeurs et d'acheteurs. Il faut
donc que l'ouvrier mette en vente sa capacité de travail
comme marchandise à consommer par usage (32). » Ce caractère particulier du travail salarié explique le fonctionnement
du système. Ainsi disparaît selon Marx l'aspect mystérieux
de la plus-value. Le travail constitue l'essence de la valeur
d'échange ; mais il fallait auparavant montrer l'inégalité
entre les deux aspects du travail : celui où l'ouvrier vend sa
force de travail pour un salaire et l'utilisation par le patron
de cette force extensible qu'est la valeur d'usage du travail
prolétarien : « Si le travail est valeur d'usage pour le capital,
il est simple valeur d'échange, valeur tangible pour l'ouvrier.
C'est ainsi qu'il apparaît dans le procès d'échange avec le
capital où le travail s'aliène contre de l'argent... Pour l'ouvrier le travail n'est valeur d'usage que dans la mesure où il
est valeur d'échange et non dans la mesure où il produit des
valeurs d'échange. Pour le capital, il a une valeur d'échange
dans la mesure où il a une valeur d'usage... Le capital reçoit
en échange le travail vivant qui est la forme productive
générale de la richesse, l'activité créatrice d'une surabon-
dance de richesses (33). » L'économie classique est ainsi
dépassée. La plus-value ne naît plus de l'échange mais de
cette possibilité pour le capitaliste d'utiliser la valeur d'usage
du travail, donc de produire un sur-travail non payé. Thèse
décisive dont, dix ans après, Marx mesure l'importance
alors qu'il rédige le *Capital* : « Ce qu'il y a de meilleur dans
mon livre c'est : 1) la mise en relief dans le premier chapitre
du caractère double du travail selon qu'il s'exprime en valeur d'usage ou en valeur d'échange. 2) L'analyse de la plus-
value indépendamment de ses formes particulières : profit,
intérêt, rente foncière, etc. (34). »

Il est clair que les textes sur la plus-value s'articulent sur la

(32) *Id.*, 252-53.
(33) *Fondements de la critique de l'économie politique*, I, p. 254. Paris
1967. Il s'agit de l'édition intégrale aux éditions Anthropos des Manuscrits
de 1857-58, avec des ébauches des années 1850-59.
(34) *Lettres sur le Capital*. A Engels, 24 août 1867, p. 174.

découverte du matérialisme historique puisque le processus de production capitaliste ne peut se développer que lorsque l'ouvrier n'a rien d'autre à vendre que sa force de travail. Il s'agit alors d'un ouvrier « libre », propriétaire de sa capacité de travail et non d'un serf ou d'un esclave qui ne disposent pas librement d'eux-mêmes. Bien qu'exploités, les serfs ou les esclaves ne participent pas à un mode d'échange universel puisque le système de la propriété est fondé sur le rôle de la terre. Seul un « décollage » de la production amène sur le marché des travailleurs libres, n'ayant qu'une marchandise à offrir, leur force de travail, et des possesseurs d'argent disposés à acheter et à utiliser cette marchandise. C'est le résultat d'un long processus historique et du déclin des formes antérieures de production...

HISTOIRE ET DIALECTIQUE

« Faire œuvre scientifique c'est réduire le mouvement visible, simplement apparent au mouvement interne réel (35). » Dans cette étude du mouvement interne réel se nouent les deux grands aspects de la dialectique qu'on peut schématiquement réduire à l'analyse de la totalité et à l'analyse du processus comme lieu des contradictions.

La totalité diffère profondément de celle que proposait Hegel puisqu'elle ne résulte pas des diverses déterminations de l'idée, mais à chaque époque donnée d'un mode de production caractéristique. Pour l'étudier, Marx utilise les catégories d'unité et de différenciation, de médiation et d'action réciproque. Par exemple, dans l'*Introduction de 57*, on trouve toute une dialectique des rapports qu'entretiennent entre elles les catégories économiques. « Le résultat auquel nous arrivons est que la production, la distribution, l'échange, la consommation sont identiques, mais qu'ils sont tous des éléments d'une totalité, des différenciations à l'intérieur d'une unité (36). » Parfois Marx recourt à des analogies biologiques et utilise le modèle de l'organisme comme le fait déjà Hegel :

(35) *Capital*, III, I, 322.
(36) *Contribution*... p. 164.

« Il y a action réciproque entre les différents mouvements. C'est le cas pour n'importe quelle totalité organique (37). » Mais ne tombons pas dans l'erreur des économistes vulgaires qui s'en tiennent à de vagues identifications à travers des rapports réciproques. Il serait erroné d'identifier la production à la consommation sous prétexte que toute production aboutit à la consommation et se transforme en l'autre. A cette identité immédiate et plate, il faut substituer une théorie de la médiation qui montre comment chaque aspect apparaît sous une double forme. Production et consommation sont médiées l'une par l'autre dans la mesure où elles apparaissent comme interdépendantes et se réalisent l'une par l'autre. Mais en second lieu la médiation devient négation et transformation lorsque « chacune d'elles en se réalisant crée l'autre ; se crée sous la forme de l'autre (38) ». En déterminant ces différents moments, on échappera à l'extériorité des analyses économiques traditionnelles.

Enfin, la contradiction est au cœur du processus puisqu'elle est engendrée par la nature même du mode de production, des rapports de production et des forces productives. Mais il ne s'agit jamais d'une contradiction simple, comme certaines interprétations simplistes ont pu le faire croire et Mao a eu raison de dégager dans un texte célèbre les divers aspects de la négation (antagonisme, contradiction simple ou complexe, types de déterminations, etc.). Ces préoccupations animent le *Capital* et en particulier le Tome III où dans le chapitre intitulé « Loi de la baisse tendancielle du taux de profit », Marx consacre plusieurs pages aux divers types de contradictions jouant dans ce domaine : facteurs antagoniques, crises, perturbations, dépréciation périodique du capital, développement des forces productives et surpopulation artificielle, etc. « La véritable barrière de la production capitaliste, c'est le capital lui-même... La production n'est qu'une production pour le capital et non l'inverse... (39). » Cette distinction entre la richesse des analyses concrètes et la rigueur de la théorie font le prix du *Capital* et le distin-

(37) *Id.*
(38) *Id.*, p. 158.
(39) III, I, 263.

guent de toutes les constructions antérieures. Les mêmes remarques s'imposent pour les œuvres historiques. Certains s'étonnent de rencontrer dans le *Dix-Huit Brumaire* des distinctions subtiles entre les diverses couches sociales au lieu d'une sommaire opposition entre deux classes principales. Erreurs de perspectives : Marx a toujours séparé l'analyse d'essence qui reste volontairement générale et abstraite, de l'investigation concrète d'une situation donnée.

En principe donc, l'articulation de l'histoire et de la théorie s'effectue selon les déterminations propres à chaque champ à explorer. Sans doute « la diversité bariolée » des événements ne se laisse-t-elle pas réduire à l'importation de schèmes extérieurs : le doigté du chercheur, sa capacité à comprendre comment l'économique fonctionne « en dernière instance » distinguent les études novatrices des placages grossiers. Pour Marx, entre le célèbre exposé du matérialisme historique de la *Critique de 59* et la théorie générale du Capital il n'y a pas de hiatus ; les mêmes concepts sont à l'œuvre : modes de productions et leurs contradictions, détermination des catégories économiques propres au système capitaliste, théorie des idéologies, etc.

Cependant, un certain nombre de problèmes restent en suspens et ont depuis longtemps donné lieu à des discussions parmi les marxistes. Nous en trouverons quelques exemples en étudiant Lukàcs ou Gramsci. Par leur résurgence à chaque génération, ces problèmes montrent qu'il est naïf d'assimiler le marxisme à une « science » sans se demander ce qu'on entend par science, quel sens ce terme peut avoir dans les « sciences de l'homme » et quelle signification précise il peut avoir dans l'œuvre (40). La coupure épistémologique sert trop souvent de « Sésame, ouvre-toi » et dispense d'investigations. Il n'est qu'à voir les divergences des marxistes entre eux sur l'interprétation des faits économiques actuels pour admettre qu'il est présomptueux de se croire arrivé au stade d'une science déjà faite. D'une critique impitoyable et d'une méthode d'analyse conceptuelle du système capitaliste, on ne passe pas, dans l'état actuel du

(40) Voir l'article de G. G. Granger, *L'explication dans les sciences sociales*, dans le recueil collectif : *L'explication dans les sciences*. Paris 1973.

savoir, à une théorisation parfaitement rigoureuse. Pour notre part, nous préférons cet aspect ouvert de la recherche au terrorisme mandarinal de ceux qui prétendent enfermer le marxisme dans « leur » science.

DU STATUT DE L'IDÉOLOGIE

Contrairement aux philosophies idéalistes, le marxisme entretient un rapport décisif au présent, puisqu'il est l'épreuve de la théorie et le lieu où s'inscrit l'action révolutionnaire. Le présent est cette réalité phénoménale sur laquelle s'élabore l'analyse théorique, mais en tant que dévoilement des mécanismes du mode de production capitaliste, la théorie tourne le dos au présent immédiat pour découvrir l'essence cachée. L'idéologie prend alors une signification nouvelle. Elle n'apparaît plus seulement comme projection dans un autre univers de fantasmes dont elle ignore la source, elle devient le moyen par lequel le système assure sa domination. Mystificatrice certes, mais surtout active, telle est l'idéologie. Sous cette double forme, elle fait partie intégrante de la théorie et conserve un rôle important aussi bien dans les *Grundrisse* que dans le *Capital*. Et parce que le marxisme ne débouche pas sur une philosophie de l'englobement comme l'hégélianisme, mais parce qu'il est une philosophie critique et révolutionnaire, l'idéologie et l'aliénation ont une fonction stratégique qu'il faut déceler. L'idéologie apparaît à la fois comme un obstacle à vaincre pour dépasser l'économie politique classique, mais aussi comme une réalité indépassable sécrétée par le système et s'étendant à tous les aspects de la vie. Elle est à la fois objective et subjective. Objective parce qu'elle résulte des contradictions, « des conflits qui existent entre les forces productives sociales et les rapports de production (41) », subjective puisqu'elle est vécue par chacun d'entre nous avec une large marge d'indétermination individuelle. Dans les œuvres de jeunesse, Marx insiste surtout sur la dépossession de soi que crée l'aliénation et sur les phénomènes de renversement de type religieux. Dès l'*Idéolo-*

(41) *Contribution*, p. 5.

gie allemande, les perspectives s'amplifient : critique de la soi-disant autonomie des idées, théorie de l'idéologie dominante, etc. Mais la persistance du thème dans les œuvres ultérieures fait problème. Non seulement tout le septième cahier des *Grundrisse* insiste sur l'aliénation subie dans le travail par l'ouvrier, mais il réintroduit la notion en inversant l'ordre des raisons. L'aliénation ne se présente plus comme le résultat d'un processus historique, elle devient loi interne du système sous une double forme dont les deux aspects ne se recouvrent pas et ne doivent pas être traités de la même manière.

Premier aspect : « Ce que l'ouvrier échange contre le capital, c'est son travail même... il l'aliène. Le prix qu'il obtient, c'est la valeur de son aliénation (42). » Donc, un processus parfaitement objectif naissant de la situation même de l'ouvrier.

Deuxième aspect, qui était déjà dégagé intuitivement dans les *Manuscrits de 44* : « l'économie politique cache l'aliénation dans l'essence du travail par le fait qu'elle ne considère pas le rapport direct entre l'ouvrier (le travail) et la production (43) ». Plus tard, le problème se précise. La fonction de l'économie politique bourgeoise est de cacher le mécanisme de la plus-value et en cela elle dévoile sa fonction sociale. Mais la démystification que le marxisme fait de l'idéologie ne saurait suffire et on ne peut s'arrêter à cette approximation qui consiste à réduire le problème de l'aliénation ou de l'idéologie à un renversement et à l'expulser ensuite du champ de la recherche. Un système économique ne fonctionne pas comme un système physique et toute la pratique politique de Marx montre qu'il en a eu conscience. Il est indifférent qu'Aristote ignore les lois de la pesanteur ; celles-ci agissent sur lui d'une manière « voilée » dont il ne saisit pas l'universalité. Mais il n'est pas dans l' « essence » de la pesanteur de tromper l'homme. Au contraire, il est dans l' « essence » d'un système politique ou économique de classes de forger des idéologies mystificatrices qui conservent et perpétuent les rapports de forces favorables au système.

(42) *Fondements de la critique de l'éco. pol.*, I, 271 (Anthropos).
(43) *Manuscrits de 44*, p. 59.

L'idéologie surgit à partir de l'économique et elle réagit à son tour sur la conscience sociale de chacun en modifiant et en occultant son rapport à la classe dirigeante. Alors qu'une théorie comme celle du *De Caelo* d'Aristote n'a aucune action sur le système des lois de la nature !

On comprend alors la difficulté de traiter de l'idéologie : ou on la réduit à l'expression mystificatrice dans la conscience des hommes des véritables rapports de force du système économique, et alors sa puissance se décrit à travers un jeu de miroirs déformants. Ou on admet qu'elle agit efficacement sur le fonctionnement du système, et dans ce cas, elle se loge en creux dans les lois du système et en modifie le fonctionnement même. L'économique subit la modification de l'idéologie et il ne suffit pas de décrire la marchandise, le travail, la plus-value, il faut encore montrer comment le système se perpétue en organisant systématiquement l'illusion. C'est pourquoi il nous paraît dangereux de s'en tenir à la seule lecture du *Capital* et à l'analyse méthodologique, en oubliant toutes les œuvres polémiques de Marx, tout son travail d'historien, tout son travail de militant. On fige le marxisme dans une épistémè apolitique qu'on rabat sans le dire sur une scientificité de type physique. Précisons notre pensée par une analogie. Lorsque Galilée récuse — après d'autres — le vieux système cosmologique et dégage les premières lois de la physique classique, il agit à la fois contre une idéologie bi-millénaire qui interdit de comprendre le cosmos, et en même temps contre un certain type de connaissance fondé sur le primat de la sensation. Par là il crée la science classique, mais il ne change en rien l'ordre réel du cosmos. En revanche, lorsque Marx décrit le système capitaliste, c'est dans le but avoué de le renverser. Ce système ne saurait se réduire à de pures lois économiques, puisqu'il suppose, pour se maintenir, un certain consensus fondé sur l'organisation d'une illusion. Ici donc l'idéologie a un but précis : violenter la conscience des masses en leur imposant des idées qui ont pour but de voiler les lois du profit inhérentes au mode de production capitaliste. Une loi économique ne fonctionne jamais comme une loi physique. Celle-ci est indifférente à l'activité humaine (sauf lorsqu'elle est utilisée dans une technique), celle-là suppose tout le système des relations politiques, sociales, technologiques, etc. Dans la mesure où le capitalisme ne peut survivre qu'en perpétuant un certain type d'oppression, il entraîne nécessairement avec lui une idéologie qui voile son mode d'exploitation. Pour asseoir le pseudo-consensus, une société de classe forge un mécanisme d'auto-aliénation.

Le chapitre sur *Le fétichisme de la marchandise* invite à déchiffrer le hiéroglyphe inscrit au cœur de la valeur. « La valeur ne porte pas sur son front ce qu'elle est. Elle fait bien plutôt de chaque produit du travail un hiéroglyphe. Ce n'est qu'avec le temps que l'homme cherche à déchiffrer le sens du hiéroglyphe, à pénétrer les secrets de l'œuvre sociale à laquelle il contribue, et la transformation des objets utiles en valeur est un produit de la société tout aussi bien que le langage (44). » Produit de l'histoire, alliée à la vision quotidienne de chacun, « la forme marchandise est si familière à tout le monde que personne n'y voit malice ». L'idéologie n'agit pas seulement dans la superstructure, mais au cœur même de la base économique et, comme le rappellent de nombreuses lettres d'Engels, le système doit être considéré dans son unité et selon les divers types d'interaction qui s'y exercent. Il ne se donne pas à lire en clair. Lorsque Marx parle de la libération future de l'homme, il reste prudent : « La vie sociale, dont la production matérielle et les rapports qu'elle implique forment la base, ne sera dégagée du nuage mystique qui en voile l'aspect, que le jour où s'y manifestera l'œuvre d'hommes librement associés, agissant consciemment et maîtres de leur propre mouvement social. Mais cela exige dans la société un ensemble de conditions d'existence matérielle qui ne peuvent être elles-mêmes le produit que d'un long et douloureux développement (45). » L'histoire prouve assez l'aspect prophétique de ce texte.

En simplifiant, nous dégagerions trois aspects de l'idéologie.

1) Une théorie du leurre et de la mystification. L'idéologie n'a pas d'autonomie et dépend des conditions historiques.

2) Une théorie du contre-coup de l'idéologie dans le fonc-

(44) *Capital*, I, 86.
(45) *Id.*, 91.

tionnement du système : non seulement elle en cache les articulations réelles, mais elle a pour but d'assurer par cette mystification, la reproduction de l'ensemble constitué par l'économie, l'État et les diverses formes de la vie morale, artistique, philosophique, etc.

3) Enfin troisième aspect, elle assure la prise de conscience des contradictions et permet de mener le conflit jusqu'au bout. Du point de vue de la pratique, l'aspect critique est essentiel, puisque les conditions de la libération impliquent indissolublement la lutte et la transformation de l'homme dans la praxis révolutionnaire. Ici, s'ouvre enfin l'histoire au présent, non plus seulement sous la forme d'une théorie du *Capital*, mais sous l'angle de l'action. C'est parce que l'idéologie joue comme voile et comme possibilité de dévoilement que l'histoire ne se présente pas comme pure nécessité. Tant que la mystification n'est pas ressenti par le travailleur comme aliénation insupportable, la conscience de l'enjeu révolutionnaire reste en retard sur les possibilités « objectives » de la situation. Subie passivement, l'aliénation permet à la domination de se maintenir, devenue insupportable elle se retourne contre le système qui la cause. Toute pratique révolutionnaire s'appuie sur cette subversion de l'idéologie ancienne et sur son retournement critique. Si l'on veut éviter l'économisme de la Seconde Internationale ou l'épistémè confortable d'un système théorique fermé sur sa scientificité, il faut reconnaître cet aspect irréductible de l'idéologie, comme pratique révolutionnaire et comme auto-critique continuelle des nouvelles formes d'aliénation que tend à sécréter toute organisation et toute bureaucratie.

3 GRAMSCI. A LA RECHERCHE DE L'INTELLECTUEL ORGANIQUE

Le président du tribunal avait dit de lui, lors de son procès : « Il faut empêcher ce cerveau de fonctionner pendant vingt ans. » Il y réussit presque. Gramsci agonisa pendant dix ans dans les prisons fascistes, abandonné des siens, suspecté par certains de ses amis, malade, écrivant entre deux rémissions ces admirables *Lettere dal carcere* et ces trente-trois *Cahiers de la prison*. Intellectuel certes, mais surtout militant, Gramsci ne connut jamais comme Marx ou Lénine de périodes de pose lui permettant de se consacrer à une œuvre de longue durée. En prison, il manquait de livres et de documentation. Ainsi s'explique l'aspect fragmentaire de son œuvre qui en rend souvent la lecture difficile, mais ceci ne saurait excuser l'absence scandaleuse d'une traduction française complète (1).

Tout comme Lukács, Gramsci est hanté par le marxisme scientiste de la social-démocratie allemande et par sa variante russe, le fameux *Manuel* de Boukharine. Mais il pense dans un autre cadre. Il lui faut régler ses comptes avec Croce pour construire, à travers des hésitations et des difficultés, sa théorie de l'intellectuel organique. Il lui faut réfléchir sur le rôle de l'Église en Italie, sur la situation du Mezzogiorno,

---

(1) A. Gramsci, *Œuvres choisies*, trad. Moget et Monjo, Éd. Sociales, 1959. Très incomplet et très orienté...
Gramsci, *Lettres de la prison*, Trad. Noaro, Éd. Sociales, 1953. En italien : *Opere di Antonio Gramsci*, II volumes, G. Einaudi éditeur, 1947-1967. Nous utilisons en général cette édition.

sur l'expérience des conseils ouvriers, pour tenter d'élaborer une voie italienne vers le socialisme ; en ce sens il est le précurseur des réflexions actuelles. A travers les articles nombreux de l'*Ordine Nuovo* (1919-1922), de l'*Unità*, des *Cahiers de la prison*, on voit s'élaborer une pensée subtile et complexe qui échappe aux massives simplifications. Il faut d'ailleurs souvent lire entre les lignes en se souvenant que la censure interdisait d'écrire librement.

Cette vie exemplaire ne peut se séparer des grandes luttes politiques qui secouèrent l'Italie après la guerre de 1914-1918, et aboutirent après de violents affrontements de classe au triomphe du fascisme (1922). Né en 1891 en Sardaigne d'une famille de petit fonctionnaire, Gramsci part à Turin comme boursier en 1911 pour faire des études de lettres. Il vit dans le dénuement le plus complet et s'intéresse très vite à la politique. A la fin de 1913, il s'inscrit au Parti socialiste italien où il rencontrera Tasca, Togliatti. Devenu rédacteur au *Grido del Popolo* il participe comme dirigeant de la section de Turin aux grands mouvements d'insurrection des ouvriers en 1917. En 1919, il crée l'*Ordine nuovo* qui est l'organe des Conseils ouvriers lors des grèves de 1920 et des occupations d'usines. Après la fondation du P. C. I. en 1921, Gramsci est envoyé à Moscou et travaille ensuite à Vienne au siège de l'Internationale. La situation s'aggrave en Italie, les communistes sont arrêtés et les dirigeants, lorsqu'ils peuvent s'échapper, sont souvent contraints à la clandestinité. Élu député en 1924, Gramsci devient président du groupe communiste. Malgré l'immunité parlementaire, il est arrêté en 1926, transféré de prisons en prisons et jugé enfin en 1928 devant le tribunal spécial, qui le condamne à vingt ans de réclusion. Il meurt en 1937 (2).

C'est à partir d'une expérience politique qu'il faut déchiffrer les thèmes des *Quaderni*. Deux idées reviennent en leitmotiv : comment se fait-il que la conscience des hommes soit en retard sur ce que devrait leur dicter leur situation économique ? Comment expliquer que les classes dirigeantes puissent entraîner derrière elles toute la société en se servant de certaines couches d'intellectuels ? Pour Gramsci, com-

(2) G. Fiori, *La vie d'A. Gramsci*. Trad. franç. 1970.

prendre l'idéologie devient vital. Certaines formules percutantes des articles de jeunesse choqueront les bien-pensants : « La révolution des bolchéviks, est la révolution contre le « Capital » de Karl Marx. Car le « Capital » de Marx était en Russie le livre des bourgeois, plus que des prolétaires. C'était la démonstration critique qu'il y avait en Russie une nécessité fatale à ce que se formât une bourgeoisie... avant que le prolétariat puisse penser à sa libération, à ses revendications de classe, à sa révolution... (3). » Et il récidive un peu plus loin : « le principal facteur de l'histoire, ce ne sont pas les faits économiques bruts, mais l'homme, mais les sociétés des hommes, des hommes qui s'unissent entre eux, qui... développent à travers leurs contacts une volonté sociale collective, et comprennent les faits économiques, et les jugent, et les adaptent à leur volonté jusqu'à ce que cette dernière devienne la force motrice de l'économie, la formatrice de la réalité objective... (4) ». Textes étonnants, mais il faut se rappeler qu'ils ont été écrits en 1917, par un jeune homme de vingt-huit ans, qui s'opposait au positivisme et au dogmatisme régnants. L'homme mûri par son expérience politique reprendra le problème en nuançant les solutions.

LE PROBLÈME DES IDÉOLOGIES
ET LE RÔLE DE L'INTELLECTUEL

La distinction traditionnelle entre le travail manuel et le travail intellectuel doit être repensée parce que, sous sa forme classique, elle ne permet pas de comprendre le rôle de l'intellectuel dans la société. Pour Gramsci, l'intellectuel se définit par la fonction qu'il exerce dans un type de civilisation donnée ou dans un type de production donnée. Aussi a-t-il conscience de proposer une idée nouvelle : « J'élargis beaucoup la notion d'intellectuel et je ne me limite pas à la notion courante qui ne tient compte que des grands intellec-

(3) *La rivoluzione contro il « Capitale »*, article du 24 nov. 1917, paru dans l'*Avanti*. Cité in *Lire Gramsci* de D. Grisoni et R. Maggiori, p. 85 (Paris 1973).
(4) *Id.*, p. 87.

tuels (5). » Plusieurs textes précisent cet aspect : « *Pour une histoire des intellectuels* », « *La formation des intellectuels* », « *L'organisation de la culture et de l'école* », et enfin de nombreuses notes sur le cosmopolitisme, la bureaucratie, etc. Écrits dans les années 1930 et réunis dans le Tome II des *Quaderni dal Carcere*, ils montrent l'ampleur des préoccupations de Gramsci et l'étendue de sa culture. Comment aborder le problème ? Comment éviter les erreurs ? « L'erreur de méthode la plus répandue me paraît être d'avoir recherché ce critère de distinction dans ce qui est intrinsèque aux activités intellectuelles, et non pas dans l'ensemble du système de rapports dans lequel ces activités (et par conséquent les groupes qui les personnifient) viennent à se trouver au sein du complexe général des rapports sociaux (6). » On a procédé comme si l'activité de l'intellectuel avait une relative autonomie et se distinguait *sui generis* de toutes les autres formes de travail. En soi, tous les hommes, dans la mesure où ils pensent, possèdent une certaine culture, ont acquis des capacités techniques, sont des intellectuels. « Mais tous les hommes n'ont pas dans la société des fonctions d'intellectuels. » Si on ne peut séparer que par abstraction l'*homo faber* de l'*homo sapiens*, il n'en reste pas moins que dans leurs activités sociales, les uns ont seulement un travail d'exécution et les autres un travail d'élaboration intellectuelle. C'est donc par leur fonction dans un système donné que se distinguent les intellectuels des non-intellectuels.

De ces principes d'analyse, Gramsci tire sa célèbre distinction entre les intellectuels organiques et les intellectuels traditionnels. Les premiers sont créés par chaque système pour assurer sa cohésion et son idéologie. Les seconds représentent, en règle générale, les restes des vieilles couches sociales qui persistent à travers les bouleversements des rapports de production. « Chaque groupe social, naissant sur le terrain originel d'une fonction essentielle, dans le monde de la production économique, crée en même temps que lui, organiquement, une ou plusieurs couches d'intellectuels qui lui donnent son homogénéité et la conscience de sa propre

(5) *Lettres*, p. 213.
(6) *O. C.*, p. 432. *Gli intellettuali e l'organizzazione della cultura*, T. 2, p. 6 (Einaudi).

fonction, non seulement dans le domaine économique, mais aussi dans le domaine social et politique (7). » Ainsi, il n'existe pas de système capitaliste sans techniciens, sans économistes, sans écoles scientifiques, sans tout un appareil juridique et jounalistique. Mais Gramsci prend bien soin de préciser que chaque groupe social ne crée pas qu'un seul type d'intellectuels organiques, mais des « couches » diverses dont les fonctions se spécialisent selon les milieux auxquels s'appliqueront leurs activités.

Malgré des aptitudes diverses, ces intellectuels jouent un rôle semblable. Ils cimentent l'idéologie de la classe dominante, et, par leurs œuvres, lui donnent un prestige qui s'étend jusqu'aux autres classes. Quant aux couches subalternes qui travaillent dans la bureaucratie, elles servent de courroie de transmission : organisant la coercition qu'exige l'appareil d'État, elles assurent l'ordre et transmettent des modèles de civilisation favorables à la classe dirigeante.

Ces distinctions permettent d'éviter les simplifications sur les rapports entre la superstructure et l'infrastructure. « Les rapports entre les intellectuels et le monde de la production ne sont pas immédiats, comme il advient dans les groupes fondamentaux, mais ils sont médiatisés à des degrés divers, par le tissu social, par le complexe des superstructures dont les intellectuels sont précisément les fonctionnaires (8). » Certains intellectuels sont plus intégrés au système d'hégémonie de la classe dominante, d'autres ont plus de marges de manœuvre. Selon les fonctions, selon les couches sociales, les intellectuels participent à des degrés divers au système, mais tous sont solidaires de son développement et des rapports de production qu'il a établis. Il n'y a pas de technocrate innocent en régime capitaliste...

A ces couches décisives, s'opposent les intellectuels de type traditionnel qui représentent les restes des vieilles classes sociales qui ont survécu à travers les changements : « Tout groupe social au moment où il émerge à la surface de l'histoire venant de la précédente structure économique dont il exprime un de ses développements, a trouvé... des catégo-

(7) *O. C.*, p. 429. *Gli Intellettuali*, p. 3.
(8) *Gli intellettuali*, p. 9. *O. C.*, p. 436.

ries d'intellectuels qui existaient avant lui et qui, de plus, apparaissaient comme les représentants d'une continuité historique que n'avaient même pas interrompue les changements les plus compliqués et les plus radicaux des formes sociales et politiques (9). » Gramsci est fasciné par le rôle extraordinaire du clergé qui, en Italie, a monopolisé l'idéologie, la philosophie, la justice, l'assistance publique, l'école, etc. Lié à l'aristocratie foncière, le clergé a exercé sa domination bien longtemps après que celle-ci eut perdu sa place prépondérante. Il dut d'ailleurs s'opposer aux nouvelles élites qui, chacunes de leur côté, se sont défendues pour asseoir leurs privilèges : les juristes, la haute administration et même les philosophes non ecclésiastiques. Fiers de leur permanence dans le temps, attachés à leur technicité, les intellectuels traditionnels sécrètent des idéologies justificatrices. Ils se veulent au-delà des partis, fonctionnaires de l'humanité, représentants de l'intérêt général. Jouant un rôle de frein, ils refusent l'évolution en défendant âprement leurs privilèges qu'ils assimilent aux droits imprescriptibles du savoir.

Toute révolution doit nécessairement les rallier ou les détruire, selon les circonstances. Pour la nouvelle classe dirigeante, il est vital d'éliminer, de diviser ou de séduire les intellectuels traditionnels qui, par leur poids dans la société, possèdent des postes-clé dans les administrations, les universités, les industries ou l'armée. La Révolution française, puis l'histoire du XIXᵉ siècle ont montré combien cette lutte était complexe. Qu'on songe aux péripéties de cent cinquante ans de batailles anti-religieuses en France, ou tout simplement aux péripéties actuelles de la Révolution culturelle en Chine.

En étudiant l'histoire et le rôle des intellectuels, Gramsci ne se livre pas à un passe-temps érudit, mais il élabore une stratégie révolutionnaire. Comment transformer la conscience des masses trompées par les idéologies dominantes ? On ne peut attendre patiemment que les structures économiques craquent d'elles-mêmes et la création d'un parti implique qu'on forme des hommes capables de dépasser les pures

(9) *Gli intellettuali*, p. 4. O. C., p. 430-31.

revendications économiques. Ici se rejoignent les théories léninistes sur le parti, la réflexion sur les idéologies et sur une pédagogie révolutionnaire. Dans les *Note sul Machiavelli* (10), Gramsci explique que dans le monde actuel, le parti politique remplace le héros solitaire, le Prince du XVIe siècle. Pour qu'un parti de type moderne existe, trois conditions doivent être remplies : l'existence d'une base, formée de militants qui acceptent volontairement une discipline et un type d'action. Un groupe dirigeant qui centralise et organise (dont l'action peut se comparer à celle des capitaines). Et enfin, un élément « médiat » qui articule les chefs et les militants et qui constitue les cadres subalternes. Le parti ou « Intellectuel collectif », comme l'a dénommé Togliatti, a deux fonctions principales. En tant que représentant des intérêts d'une classe, il doit diffuser la nouvelle conception du monde de cette classe et par là éduquer ceux qui restent encore sous l'emprise des vieilles idéologies. Enfin, il doit organiser la lutte en s'appuyant sur les masses, c'est-à-dire en fonctionnant selon le principe du centralisme démocratique qui s'oppose au centralisme bureaucratique des partis bourgeois. On comprend alors le rôle décisif d'une pédagogie de masse et la place donnée à l'élaboration d'une contre-culture. « On en déduit les nécessités déterminées pour tout mouvement culturel qui se proposerait de remplacer le sens commun et les vieilles conceptions du monde en général : 1) de ne jamais se fatiguer de répéter ses propres arguments... 2) de travailler sans cesse à l'élévation intellectuelles de couches populaires toujours plus larges, ce qui veut dire susciter des élites intellectuelles d'un type nouveau (11). »

Le concept d'intellectuel fonctionne selon des perspectives extrêmement riches et il y a là un apport décisif au marxisme. Gramsci refuse les simplifications qui tendent à traiter tout intellectuel de bourgeois. Il montre au contraire comment les intellectuels constituent des couches diverses qui serviront soit la classe dominante (intellectuel organique), soit la classe qui monte (création d'une nouvelle

(10) *Note sul Machiavelli, sulla politica e sullo stato moderno*. Textes essentiels sur le parti, p. 3 à 29.
(11) *Il materialismo storico*, p. 17. O. C., p. 35.

élite de militants et non plus d'aristocrates isolés). Enfin, bien souvent, la victoire de la classe nouvelle exige que soient séduits ou neutralisés les intellectuels traditionnels. Mais le parti communiste n'est pas à l'abri lui non plus de déviations qui consacreraient une scission entre les nouveaux intellectuels organiques qu'il suscite en son sein et la masse des militants. Très sensible à des préoccupations qu'on retrouvera chez Mao, Gramsci veut que l'information circule entre la base et les intellectuels sous la forme d'une mutuelle formation. « La position de la philosophie de la praxis est l'antithèse de la position catholique : la philosophie de la praxis ne tend pas à maintenir les « simples » dans leur position primitive du sens commun, mais au contraire à les amener à une position supérieure de la vie. Si elle affirme l'exigence d'un contact entre les intellectuels et les simples ce n'est pas pour limiter l'activité scientifique et pour maintenir une unité au bas niveau des masses, mais bien pour construire un bloc intellectuel-moral qui rende politiquement possible un progrès intellectuel de masse et pas seulement de quelques groupes restreints d'intellectuels (12). » La transformation des conditions de vie passe donc par cette radicale mutation de l'idéologie des masses.

LE PROBLÈME DE LA SUPERSTRUCTURE

Sur ce point Gramsci va se séparer de Marx et élaborer une théorie qui lui est propre et qui depuis plusieurs années suscite des controverses en Italie (13). Essayons de dégager les éléments d'un dossier particulièrement embrouillé. Tout tourne autour de deux concepts : celui de société civile et celui de superstructure. Le terme de société civile a une longue histoire, mais c'est Hegel qui, dans la *Philosophie du Droit*, lui donne son statut moderne. Apparaissant au stade

(12) *Materialismo storico*, p. 11 *O. C.*, p. 28.
(13) Bobbio Norberto, *Gramsci, la concezione della società civile*, dans les actes du congrès de Cagliari de 1967. Vol. I. *Relazioni*, 1969, p. 75-101 et 195-99.
Critique de ce rapport par J. Texier, *Gramsci, théoricien de la superstructure*, in *La Pensée*, n° 139, 1968, p. 35-60.

de la moralité objective, la société civile comprend le système des besoins, la juridiction, l'administration et les corporations. Il s'agit donc de la description de la vie économique en tant qu'elle comporte des classes sociales, un système juridique et une organisation en corporations. Au-dessus de la société civile se trouve l'État « réalité en acte de l'Idée morale objective ». Quand le jeune Marx dans la *Critique de la philosophie du droit de Hegel* aborde ces textes, il n'a pas de peine à ironiser et à montrer le caractère purement abstrait des distinctions hégéliennes. Dès l'*Idéologie allemande*, Marx précise sa pensée. Par société civile, il faut entendre « l'ensemble des rapports matériels des individus à l'intérieur d'un stade de développement déterminé des forces productives (14) ». Et dans la *Critique de l'économie politique*, il abandonnera le vieux concept de société civile pour dire : « l'ensemble des rapports de production constitue la structure économique de la société, la base concrète sur laquelle s'élève une superstructure politique et juridique à laquelle correspondent des formes de conscience sociale déterminées (15) ». On ne peut plus clairement affirmer la liaison entre l'infrastructure économique et la superstructure... Pourquoi alors Gramsci qui connaît bien ces textes a-t-il réintroduit le vieux concept de société civile et pourquoi a-t-il transformé la notion même de superstructure ?

Le texte le plus clair se trouve dans *Les intellectuels et l'organisation de la culture* : « On peut distinguer deux grands niveaux de la superstructure ; celui que l'on peut appeler société civile, c'est-à-dire l'ensemble des organismes vulgairement dits « privés » ; celui de la « société politique ou État ». Ils correspondent à la fonction d'hégémonie que le groupe dominant exerce dans toute la société et à la fonction de « domination directe » ou de commandement qui s'exprime dans l'État et dans le pouvoir juridique (16). » Ainsi Gramsci se sépare de Marx, lequel entend par société civile l'infrastructure économique. Si, pour Gramsci, la société civile fait partie de la superstructure, c'est parce qu'il donne

(14) *Idéologie allemande*, p. 104.
(15) *Fondements critique économie...* p. 4.
(16) *Gli intellettuali...* p. 9.

un rôle essentiel à l'idéologie. Dans la société civile s'élaborent les conceptions du monde, les idéologies et toutes ces activités plus ou moins intellectuelles par lesquelles se soudent les diverses formes du consensus social, depuis les journaux jusqu'aux organismes religieux ou scolaires. Expression de l'hégémonie politique d'une classe, la société civile diffuse dans les groupes subalternes les idées favorables à la classe dominante. Comme de bien entendu, le prolétariat en s'émancipant créera lui aussi ses propres organismes pour diffuser ses idées; il passera du moment purement économique au stade « éthique-politique », en élaborant une forme supérieure de prise de conscience. En somme, malgré une divergence de terminologie, on ne peut pas dire que Gramsci soit infidèle à Marx. Mais la lutte qu'il mène contre le matérialisme mécaniste l'amène à insister sur la complexité des phénomènes idéologiques et sur leur ampleur.

Ce point de vue se retrouve lors des critiques visant l' « infantilisme primitif » du *Manuel* de Boukharine. « La prétention (présentée comme postulat essentiel du matérialisme historique) de présenter et d'exposer toute fluctuation de la politique et de l'Idéologie comme une expression immédiate de la structure doit être combattue théoriquement et pratiquement comme un infantilisme primitif et pratiquement doit être combattue avec le témoignage authentique de Marx, écrivain d'œuvres politiques et historiques (17). » Contre cette conception mécaniste des rapports de l'idéologie et de l'économique, Gramsci s'élève constamment et en particulier dans le texte intitulé *Materialismo storico*. Trois conséquences découlent de cette critique : 1) Les lois économiques ne fonctionnent pas comme les lois physiques. On peut seulement parler de tendance en économie, parce que la partie n'est jamais jouée ni lisible au présent. Après coup seulement, on jette un regard sur l'histoire pour l'interpréter. Au présent, l'homme politique travaille sur des hypothèses. 2) Il ne faut ni diviniser ni simplifier les lois de la dialectique en croyant qu'elles fonctionnent sous le mode de la nécessité. 3) Enfin, il existe une certaine autonomie des processus politiques que

(17) *Intellettuali*, p. 96. *O. C.*, p. 104.

ne reflète pas directement l'économique. Par exemple, telle crise parlementaire ne s'explique pas par des luttes économiques, mais par des divergences à l'intérieur de la classe dirigeante. La superstructure mène une existence relativement autonome...

Un concept nouveau est alors introduit que Gramsci appelle « catharsis » ou prise de conscience. « On peut employer le terme de « catharsis » pour indiquer le passage du moment purement économique (ou égoïste-personnel) au moment éthique-politique, c'est-à-dire l'élaboration supérieure de la structure en superstructure dans la conscience des hommes. Cela signifie aussi le passage de « l'objectif au subjectif » ou de la « nécessité à la liberté ». La structure de force extérieure qui écrase l'homme, l'assimile à elle et le rend passif, se transforme en moyen de liberté, en instrument pour créer une nouvelle forme éthique-politique et génératrice de nouvelles initiatives (18). » Tout le problème de la prise de conscience se trouve dans ce texte : le passage de la nécessité à la liberté, de l'objectif au subjectif, et surtout, contrairement à ce que croit Boukharine, le rôle décisif joué par l'idéologie. L'éducation devient donc un moyen de transformer la situation du prolétariat. Il a toujours manqué en Italie une force « jacobine » capable d'organiser la volonté collective, et le rôle du parti sera d'élever la conscience des hommes au-dessus de la soi-disant rationalité de l'histoire qui n'est qu'une forme de la vieille formule « Dieu le veut ». Se battre contre toutes les sortes de fatalisme, qu'elles soient le « christianisme jésuitisé, transformé en pur narcotique pour les masses », le scientisme à la mode de Boukharine, ou la prédestination calviniste, voilà ce que doit faire le parti.

Quant aux chercheurs, ils doivent poursuivre inlassablement ce travail de critique et d'épuration conceptuelle qu'ont manqué les marxistes vulgaires. Et pour les obsédés de la simplification, voilà un joli texte, qu'on devrait souvent rappeler. « Dans la discussion entre Rome et Byzance sur la procession du Saint-Esprit, il serait ridicule de chercher dans les structures de l'Orient européen l'affirmation que

(18) *Materialismo*, p. 40. *O. C.*, p. 64.

l'Esprit Saint ne procède que du Père et dans celles de l'Occident l'affirmation qu'il procède du Père et du Fils. Les deux Églises dont l'existence et le conflit dépendent de la structure et de toute l'histoire, en posant leurs problèmes, n'ont fait chacune que poser le problème de leur distinction et de leur cohésion intérieure, mais il pouvait aussi bien se faire que chacune des deux Églises eût affirmé ce que l'autre a affirmé... (19). » Voilà qui réconforte des affirmations péremptoires (et scandaleusement fausses) qui tiennent lieu de nos jours, chez certains marxistes, de « science ». Cette extrême volonté de comprendre le détail des processus, la richesse des diverses expressions de l'idéologie se retrouve lorsque Gramsci affronte le problème du matérialisme historique.

MATÉRIALISME HISTORIQUE
ET MATÉRIALISME DIALECTIQUE

Le penseur de la Praxis se battait sur deux fronts. La pensée bourgeoise, représentée par Croce, avait intégré certains aspects de l'hégélianisme, en admettant l'historicité des catégories du savoir et en utilisant de façon fort confuse la notion de « médiation ». En face, le marxisme scientiste qui récusait la tradition et réduisait l'histoire de l'humanité à une longue suite d'erreurs. Entre ces deux extrêmes, Gramsci tente d'élaborer une voie plus subtile. Contre Boukharine, il affirme : « l'anti-historicisme méthodique n'est rien d'autre que de la métaphysique ». Contre Croce, il prouvera que tout historicisme n'est pas nécessairement progressif et cache une honteuse philosophie de l'esprit. Croce c'est « Érasme devant Luther », l'intellectuel de grande classe qui méprise le peuple et la révolution. Il va donc falloir tenir ensemble deux propositions apparemment contradictoires : 1) Le marxisme est un historicisme absolu. 2) Il est cependant une conception du monde radicalement neuve. Ces deux thèses résument dans leur ambiguïté mais aussi dans leur richesse tout l'effort de Gramsci.

(19) *Materialismo*, p. 56. *O. C.*, p. 104.

Considérer le marxisme comme historicisme n'est pas très original, dans la mesure où on s'accorde pour affirmer qu'il est le résultat critique de trois idéologies : Hegel, les théoriciens politiques de la Révolution française, les économistes bourgeois anglais. A la fois résultat du mouvement antérieur et transformation de la problématique, le marxisme s'insère dans son temps et correspond à une phase de développement de la société. En conséquence, si le marxisme est historique « il est une phase transitoire de la pensée humaine et sera remplacé par un autre système le jour où l'humanité passera du règne de la nécessité au règne de la liberté ». « Si on démontre que les contradictions disparaîtront, on démontre implicitement que disparaîtra, c'est-à-dire que sera dépassée la philosophie de la praxis elle-même ; dans le règne de la liberté, les pensées, les idées ne pourront plus naître sur le terrain de la contradiction (20). » Sensible à la nouveauté et au changement, Gramsci pense l'œuvre de Marx dans son devenir, plutôt que dans une scientificité close sur la problématique du *Capital*. Aussi insiste-t-il sur le fait que l'histoire ne fonctionne jamais comme une science et qu'on ne peut appliquer les principes avec la rigueur d'une loi en physique. Il faut « faire subir une critique exhaustive à la conception du causalisme mécanique pour la vider de tout prestige scientifique et la réduire à un pur mythe qui fut peut-être utile dans le passé, dans une période primitive de certains groupes sociaux subalternes (21) ». Ici, l'homme politique se remémore les erreurs faites, dans les années 20, lorsque de vieux schémas empêchèrent les marxistes de comprendre la nature du fascisme. L'histoire diffère de la science parce que la lecture de l'événement reste toujours entachée d'incertitude. Tout comme Lukàcs, Gramsci connaît la différence entre la conscience possible et la conscience réelle et il sait bien que l'économique ne se reflète pas directement dans l'idéologie. Justifiée par l'expérience douloureuse du militant, cette prudence théorique s'oppose au triomphalisme scientiste de ceux qui ignorent le poids des choses.

(20) *Materialismo*, p. 94.
(21) *Id.*, p. 127. *O. C.*, p. 141.

C'est pourquoi la lutte contre le dogmatisme prime tout. « Il arrive que la philosophie de la praxis tende à devenir une idéologie au sens défavorable du mot, c'est-à-dire un système dogmatique de vérités absolues et éternelles, en particulier quand — comme dans le *Manuel populaire* — elle est confondue avec le matérialisme vulgaire, avec la métaphysique de la matière qui ne peut pas être absolue et éternelle (22). » Affirmations prémonitoires et qui récusent à l'avance toute l'interprétation stalinienne du marxisme, tout comme le retour à Engels et à *La dialectique de la nature*. Se méfiant de la « métaphysique de la matière », du « réalisme gnoséologique », Gramsci préfère insister sur l'unité de la théorie et de la pratique plutôt que sur les romans scientifico-politiques chers à certains de ses contemporains. Inutile de dire alors qu'il ne tombe pas dans la « superstition scientifique », assimilée à la recherche d'un « nouveau Messie », « conception aussi infantile que la superstition religieuse ». D'où une théorie de la science qui fera frémir certains marxistes contemporains. Le texte essentiel se trouve dans *Il materialismo storico* et a pour titre « La science et les idéologies scientifiques ». Il s'agit de montrer que la science est une catégorie historique, une superstructure, une idéologie. Affirmation surprenante, mais que Gramsci légitime, dans le cadre de la philosophie de la praxis, en montrant qu'aucune science ne se présente comme un pur système d'objectivité, mais qu'elle renvoie à des pratiques, à des techniques, à des hypothèses, à un incessant travail de rectification des connaissances. Il ne nie pas l'objectivité de la science, ni le fait que des groupes idéologiquement dissemblables s'accordent sur les mêmes connaissances théoriques, mais il insiste sur les processus historiquement déterminés qui permettent à chaque science de se développer. « Toute la science est liée aux besoins, à la vie, à l'activité de l'homme. Sans l'activité de l'homme créatrice de toutes les valeurs, et aussi des valeurs scientifiques, que serait l'objectivité ? Un chaos, c'est-à-dire rien... (23). » Quant à l'objectivité du monde réel, ce n'est pas un vrai problème pour la science puisqu'elle

(22) *Materialismo storico*, p. 95. *O. C.*, p. 99.
(23) *Materialismo storico*, p. 55.

s'occupe surtout de perfectionner ses instruments de découvertes, ses techniques logiques et mathématiques, c'est-à-dire des pratiques humaines. La nature est donc ce qui se manifeste à l'homme dans des conditions historiques déterminées. Si l'électricité existait au Moyen Age, elle ne devient opératoire que le jour où l'homme sut l'utiliser. L'objectivité de la matière ne peut être pensée que dans le cadre de notre pratique et de notre ignorance. Critiquer la métaphysique du marxisme consiste donc à récuser tout ce positivisme qui s'était emparé des manuels élémentaires et de la pratique politique de la sociale-démocratie. A force de vouloir être « ultra-matérialiste on tombe dans une forme baroque de l'idéalisme abstrait ».

Seule la spécificité du travail théorique intégré à l'histoire permet de distinguer le marxisme des autres philosophies, puisqu'ici la théorie a pour but, non pas de justifier l'ordre existant, mais de le renverser en transformant la conscience des hommes. L'historicisme qu'on reproche si souvent à Gramsci n'est que la forme concrète des exigences nouvelles qu'imposent au philosophe de la praxis une conception du monde qui s'oppose à toutes les autres. En récusant la mutilation scientiste du marxisme, Gramsci vise en fait toute conception mandarinale du savoir, toute révolution importée de l'extérieur. On ne se demande plus : comment faire prendre conscience aux masses de leur situation, mais on cherche à leur imposer le catéchisme des temps modernes : c'est vrai parce que c'est scientifique. Par suite, il n'existe plus de discussion, mais une vérité sans appel qu'on impose à la classe ouvrière sans lui demander son avis. Le marxisme dogmatique fonctionne comme l'enseignement de l'Église, en prônant la passivité du sujet au nom de la toute-puissance de la vérité. Remplacer la Révélation par la Science revient à ressusciter le pouvoir des forces d'oppression. Si tous les hommes sont philosophes, comme le croit Gramsci, le travail de démystification et de critique des anciennes idéologies est plus décisif pour transformer le monde que l'éternel rabâchage du *Capital*.

Les attaques contre l'historicisme de Gramsci sont symptomatiques. Elles se font toutes au nom de la science, au nom d'un marxisme qui, pour être plus subtil que celui de

Boukharine, ne donne qu'une place limitée à la praxis. Premier philosophe à penser les conditions d'une révolution dans une société capitaliste occidentale, Gramsci en tant que dirigeant des Conseils ouvriers et responsable du P. C. I., délimite l'aspect original de la situation en Europe de l'Ouest. « En Orient, l'État était tout, la société civile était primitive et gélatineuse ; en Occident, entre l'État et la société civile, il existe un juste rapport, et derrière les vacillements de l'État, on découvre aussitôt une robuste structure de la société civile (24). » Ce qui signifie qu'en Occident, la prise de pouvoir ne s'effectue pas seulement par une insurrection politique qui prend en main l'État, mais par un long travail idéologique dans la société civile (c'est-à-dire dans la superstructure) qui permet de préparer le terrain.

C'est ici que prennent leur sens les deux concepts d'hégémonie et de bloc historique. Depuis Lénine les conditions de la dictature du prolétariat sont parfaitement définies. Gramsci, par le concept d'hégémonie, essaie de préciser ce qu'implique cette prise de pouvoir en Occident. Pour lui, le prolétariat doit d'abord prendre conscience de son rôle en élaborant une idéologie qui lui permette de dépasser les simples revendications économiques. Ce travail critique est décisif dans la mesure où la lutte contre le système passe par la remise en cause de toute cette idéologie occulte qu'impose la bourgeoisie, à travers sa presse, ses mass media, ses écoles, ses valeurs dites « universelles ». Ensuite le prolétariat doit s'organiser et réunir autour de lui les couches de la population auxquelles il lui faut s'allier. Donc le concept gramscien d'hégémonie est plus large que celui de dictature, puisqu'il dépasse la pure sphère politique pour englober l'idéologie. De la même manière, la notion de bloc historique que Gramsci forge à partir de l'étude de la situation dans le Mezzogiorno implique, à chaque étape du développement historique, cet ensemble complexe caractérisé par l'économie et les idéologies qui y correspondent. « L'infrastructure et la superstructure forment un bloc historique ; autrement dit, l'ensemble complexe, contradictoire et discordant de la superstructure est le reflet de l'ensemble des

(24) *Note sul Machiaveli*, p. 68. *O. C.*, p. 268.

rapports sociaux (25). » Pour le prolétariat, il s'agit de forger ce bloc historique nouveau, en imposant son hégémonie, sans se faire déposséder ensuite de son pouvoir par la bureaucratie. Comme le fait remarquer Gruppi : « Chez Gramsci, la crise révolutionnaire se situe essentiellement au niveau de l'hégémonie, en tant que crise de l'hégémonie. Mais une telle crise investit toute la société, tout le bloc historique et il ne faut pas oublier que le bloc historique comprend infrastructure et superstructure (26). »

(25) *Materialismo storico*, p. 39.
(26) Gruppi, cité par M. A. Macciocchi, *Pour Gramsci*, Paris 1974, p. 177. Voir aussi sur ce sujet du bloc historique, Portelli, *G. et le bloc historique.* Paris 1972.

4 LUKACS ET LA CONSCIENCE DE CLASSE

> « Le règne de la catégorie de totalité est le
> porteur du principe révolutionnaire dans les
> sciences. »
>
> (*Histoire et conscience de classe*, p. 68).

Étrange et tragique destinée que celle de Lukàcs (1885-
1970). Méprisé par les uns comme marxiste orthodoxe,
obligé de se rétracter plusieurs fois par le Parti qu'il avait
choisi, se censurant, s'auto-critiquant et poursuivant cependant très consciemment un grand dessein : retrouver
une philosophie de la totalité, par delà les mutilations économistes, déterministes ou appauvrissantes de la pensée de
Marx. Son sort ne peut se séparer du drame de cette génération d'intellectuels communistes qui ont vécu l'explosion
de la Révolution de 1917, le gel idéologique et politique du
stalinisme, le fascisme, les deux guerres mondiales, les
grands procès, etc. A travers une fidélité douloureuse à ce
qui incarnait malgré tout la « révolution », Lukàcs rédige
une œuvre ambiguë, souvent marquée par des prudences
tactiques et des auto-critiques de circonstance. Sa culture
extraordinaire le sauve des simplifications, surtout lorsqu'il
parle des auteurs qu'il aime : Balzac, Gœthe, Tolstoï,
Thomas Mann. Mais il reste étranger aux mouvements
littéraires ou philosophiques d'après-guerre. *Die Zerstörung
der Vernunft* (*La destruction de la raison*) montre qu'il s'est
enfermé dans de vieilles catégories lui interdisant de saisir

les aspects nouveaux et contestataires des philosophies qui s'élaborent un peu partout. En fait, il reste un homme du XIXᵉ siècle, qui même après son adhésion au marxisme, pense à travers les grands concepts du réalisme, ce qu'avait fort bien vu Brecht dans la polémique qui les opposa (1).

Pour le comprendre, il faut revenir à cet environnement culturel de l'Allemagne d'avant 1914 : le néo-kantisme, les débuts de la phénoménologie, l'influence de Dilthey et de la philosophie de la vie, mais aussi Max Weber dont il fut l'ami. Les premières œuvres, *L'âme et les formes* (1911), *La théorie du roman* (1920), sont influencées par une sociologie de la littérature encore idéaliste. « Le roman est la forme de l'aventure, celle qui convient à la valeur propre de l'intériorité ; le contenu en est l'histoire de cette âme qui va dans le monde pour apprendre à le connaître, cherche des aventures pour s'éprouver en elles, et, par cette preuve, donne sa mesure et sa propre essence (2). » Cet esthétisme de jeunesse ne sera que très modérément transformé par l'adhésion au marxisme (1917). Certes, de nouvelles catégories apparaîtront comme la lutte de classes, la réification, la dialectique, mais Lukàcs restera fidèle à la grande culture européenne du XIXᵉ siècle ou du début du XXᵉ siècle. C'est pourquoi un livre comme *Histoire et conscience de classe* (1923) fait problème dans son œuvre. Publié après la révolution hongroise (où Lukàcs est ministre dans le gouvernement de Bela Kuhn), ce livre décisif, ce livre maudit, ce livre controversé reste cependant comme un des plus grands témoignages du marxisme vivant et d'une sclérose qui ne fait que commencer. Attaqué par l'Internationale (1924), à la suite d'un rapport de Boukharine et de Zinoviev, Lukàcs renie le livre puisqu'il exclut la théorie léniniste de la conscience-reflet, et ce rejet va si loin qu'en 1960, il s'oppose à sa traduction française. Pourquoi alors privilégier cette œuvre ? Une fois encore, le problème qui a hanté Gramsci est posé : comment faire passer les masses, dans les pays occidentaux, de la revendication économique au renversement du sys-

(1) Brecht, *Schriften zur Literatur und Kunst*, T. II, Berlin, Weimar, 1966.
(2) Lukàcs, *Théorie du roman*, p. 85. Trad. franç. Clairevoye, Gonthier-Médiations 1963.

tème? Question toujours actuelle. Peut-être saurons-nous un jour ce que Lukàcs pensait réellement de ses rapports difficiles à la politique. Pour l'instant, nous ne pouvons qu'interpréter ses silences et nous méfier de rétractations plus formelles que décisives.

« Ce n'est pas la prédominance des motifs économiques dans l'explication de l'histoire qui distingue de façon décisive le marxisme de la science bourgeoise, c'est le point de vue de la totalité (3). » On imagine le haut-le-cœur de Kautsky (social-démocrate) ou de Boukharine (communiste) à la lecture de ce genre de phrase. Quant à Bernstein, il récuse la dialectique au nom de la « science » exacte et de la nécessité des lois économiques. Reste Rosa Luxembourg, qui fascina Lukàcs par ses capacités théoriques et par son refus de dissocier l'histoire et la praxis. Mais il la critique au nom de la théorie léniniste du parti et de la défense de la révolution soviétique. Sur le fond, cependant, il la considère comme la plus originale des disciples de Marx, parce qu'elle a réfuté l'économisme « vulgaire » et compris que la connaissance exigeait l'utilisation de la catégorie de la totalité.

La notion de totalité se présente sous une forme paradoxale. Elle apparaît comme non-scientifique aux tenants des sciences exactes qui recherchent les faits purs et se refusent à l'interprétation. Empiristes bornés ou pragmatistes simplistes prétendent échapper à la métaphysique sans comprendre qu'ils sont eux aussi victimes d'une illusion. En croyant que le « simple » se saisit comme un fait, ils oublient que l'apparence phénoménale de chaque chose ne coïncide pas forcément avec l'essence. Que les économistes bourgeois vivent dans la superstition des statistiques et de la mathématisation, passe. Ils sont seuls victimes des processus de réification caractéristiques du système. Mais que les marxistes refusent d'étudier les processus à l'œuvre et leur inter-action dans une société donnée, voilà le scandale. « Cette conception

(3) *Histoire et conscience de classe,* p. 48.

dialectique de la totalité qui s'éloigne en apparence tellement de la réalité immédiate, et qui construit cette réalité d'une manière en apparence « non scientifique » est, en fait, la seule méthode qui puisse saisir et reproduire la réalité concrète (4). » Ainsi le retour à une dialectique de la totalité signifie d'abord une critique épistémologique des illusions empiristes qui s'en tiennent aux effets de surface. Il ne s'agit pas — on s'en doute — de remplacer les faits par une unité indifférenciée des formes ou par une vague inter-action des phénomènes. Toute la difficulté de la méthode consiste à utiliser la catégorie de différence à l'intérieur d'un processus, en se servant des indications de Marx. Comme concept opératoire, la totalité suppose un retour à l'histoire comme seule capable de dévoiler la réalité du procès.

En s'attaquant à l'anti-historicisme de la plupart des penseurs bourgeois, Lukàcs critique ceux qui, au nom de la nouveauté d'une science, séparent théorie pure et genèse. Pour lui, Marx est resté fidèle à la méthode de la *Phénoménologie de l'esprit* et n'a jamais séparé la dialectique de l'histoire vivante. Seuls les épigones de Hegel ont fait dégénérer une méthode féconde en « un schématisme intellectuel vide », tout comme les épigones de Marx ont sclérosé sa méthode « en science particulière, mécaniste, en économie vulgaire (5) ». En revanche, *L'accumulation du capital* de Rosa Luxembourg, *L'État et la révolution* de Lénine, reviennent dans leur développement « au mode d'exposition du jeune Marx », c'est-à-dire à l'histoire (6). Sous peine de nier la particularité du marxisme par rapport à la philosophie classique, on ne peut donc, comme le font certains, opposer théorie et histoire. Et Lukács rappelle fortement qu'il ne s'agit pas d'exposer une vision du monde, mais de trouver le moyen de transformer la société. « La sous-estimation théorique de la signification de la violence dans l'histoire du passé est, pour le marxisme vulgaire, la préparation théorique à la tactique opportuniste (7). » S'en tenir à l'économisme, revient une fois de plus à déserter le terrain de la lutte. Il faut donc se

(4) *Histoire et conscience de classe*, p. 28.
(5) *Id.*, p. 55.
(6) *Id.*, p. 56.
(7) *Id.*, p. 282.

méfier de la formule bien connue « l'histoire est la seule science que nous connaissons » et ne pas l'interpréter comme un appel au quiétisme douillet. Dans une conférence sur « la fonction du matérialisme historique » Lukàcs insiste sur le rôle décisif de la prise de conscience. Pour lui, la critique marxiste se conçoit comme un retournement de la société capitaliste, comme une prise de conscience de soi des mécanismes internes voilés jusque-là. « Or devenir conscient pour la société est synonyme de pouvoir diriger la société (8) », ce qui implique le primat de l'action. Mais en même temps, Lukàcs se méfie de l'utilisation mécanique de recettes. Il réclame une réflexion critique et la catégorie se totalité lui paraît seule capable d'éviter la clôture du système sur lui-même, en montrant comment, à travers des processus toujours divers, s'articulent les formes neuves de la contradiction. Par principe, la pensée bourgeoise s'arrête à une vision partielle des phénomènes, parce qu'elle fétichise les faits séparés de leur contexte, parce qu'elle reflète l'atomisation de tous les rapports sociaux. S'en tenir au matérialisme vulgaire serait retrouver un « platonisme inversé », c'est-à-dire une théorie de la conscience-reflet, sans comprendre que le processus dans ses transformations exige une réflexion sur la totalité qui n'est pas donnée dans l'expérience brute. Tant que la pensée se fige en reflets des choses, elle s'arrête à une vision stable des « essences » qui implique aussi bien le mépris de la théorie, que l'incapacité de transformer le réel. C'est pourquoi, la notion de totalité est solidaire de l'analyse de la conscience de classe.

LA CONSCIENCE DE CLASSE

Tout comme Gramsci, Lukàcs pense que dans les sociétés occidentales le problème de la prise de conscience est déterminant. Mais, comme esthéticien, il s'intéresse plus à l'idéologie en tant que telle qu'à ces maillons de la culture et de la transmission du pouvoir que Gramsci appelait société civile (écoles, institutions culturelles, églises, etc.). La solution

(8) *Histoire et conscience de classe*, p. 262.

de Lukàcs se joue à deux niveaux : maintenir la subjectivité de chaque conscience individuelle dans sa singularité, et montrer comment pourtant celle-ci s'exprime comme fausse conscience. Ainsi est sauvegardée une certaine autonomie de la production artistique, en tant qu'elle est l'œuvre d'un individu, mais en même temps est préservée la possibilité de l'expliquer, en la renvoyant à un procès de totalisation plus large qui lui échappe. La conscience « apparaît d'une part, comme quelque chose qui subjectivement se justifie, se comprend et doit se comprendre à partir de la situation sociale et historique... et objectivement, est passager par rapport à l'essence du développement social, ne se connaît et ne s'exprime pas adéquatement, donc comme conscience fausse (9) ».

Comment définir cette conscience fausse à laquelle Lukàcs attache une grande importance théorique ? Il précise ici la notion d'idéologie en la rattachant à la catégorie de totalité. Il ne s'agit pas seulement de vision inversée du monde, mais d'un dédoublement à l'intérieur de la conscience, qui conduit à une double dialectique. D'une part, il y a opposition entre ce que veut la conscience et ce qu'elle fait réellement, la fausse conscience naissant de l'illusion d'autonomie. De l'autre côté, il y a opposition entre le fait que la conscience manque subjectivement les buts qu'elle s'assigne, alors qu'objectivement, elle réalise un développement social inconnu d'elle. Dans ce cas, la fausse conscience s'apparente à une ruse de la raison hégélienne. Il y a donc à la fois illusion et objectivité de la fausse conscience, aussi bien par rapport à elle-même que par rapport à la totalité. S'il en est ainsi, on comprend que les méthodes statistiques, chères à la sociologie, soient récusées, puisqu'elles s'imaginent, qu'en établissant des moyennes ou pourra saisir le « reflet » de ce que pensent les populations, sans tenir compte de tous ces phénomènes d'inversion... Le phénomène d'occultation ne peut se saisir qu'à travers une théorie correcte de la lutte de classes et de ses rapports à l'ensemble du procès. Comme le disait Marx en parlant de Franklin : « Ce qu'il ne sait pas, il le dit quand même. »

(9) *Histoire et conscience de classe*, p. 72.

En introduisant le concept de « conscience possible », Lukàcs élabore une catégorie neuve. « En rapportant la conscience à la totalité de la société, on découvre les pensées et les sentiments que les hommes auraient eus, dans une situation vitale déterminée, s'ils avaient été capables de saisir parfaitement cette situation et les intérêts qui en découlent (10). » Raisonnement apparemment bizarre. La catégorie du « comme si » étant justement suspecte en politique. Mais une fois de plus, Lukàcs tente d'expliquer le décalage entre la situation et la conscience tout comme les brusques « concrétions » qui font que, dans certains cas exceptionnels, les hommes prennent une conscience neuve de la situation. Entre la mystification et la lucidité, le passage n'est pas aussi clair et évident que le conçoivent les stratèges pressés. Lorsque conscience possible et conscience réelle coïncident, la classe fait aboutir ses revendications (Révolution française, Révolution russe...). Lorsque les deux divergent et ne peuvent se réunir, la révolte est conduite à l'échec, comme ce fut le cas pour la tentative de Münzer et la Guerre des Paysans. Pour le révolutionnaire, pour l'organisateur, il s'agit par un travail de propagande d'accélérer le processus et de ne pas se confier aux seuls mécanismes de l'économie.

Chaque civilisation, d'ailleurs, ne présente pas les mêmes caractéristiques ; dans les sociétés pré-capitalistes, les intérêts de classe n'apparaissent jamais en pleine clarté, puisque l'économique ne domine pas absolument et qu'il reste pensé à travers des catégories étrangères comme la religion ou l'idéologie, la hiérarchie ou le droit, etc. En plus, le travail n'étant pas encore une marchandise, chaque individu possède une relative autonomie qui lui permet d'échapper partiellement au circuit des échanges. Mais dans les sociétés capitalistes, où l'économique devient dominant, l'opposition entre les deux classes principales entraîne la naissance d'une conscience de classe d'un type particulier et qui présente des différences marquées selon qu'on parle de la bourgeoisie ou du prolétariat. Pour se voiler à elle-même la nature d'un système qui lui profite, la bourgeoisie vit nécessairement dans la mystification. Comment pourrait-elle admettre l'échéance fatale qui la menace et que décrit le marxisme ? Cette illusion ne se présente d'ailleurs pas sous une forme simple et univoque.

Formellement, pour assurer son pouvoir, la bourgeoisie doit dominer les mécanismes économiques et politiques, ce qui l'entraîne tout naturellement à réfléchir sur la marchandise, la quantité et par extension sur la science. Elle rationalise son expérience et cherche à rationaliser l'univers qui l'environne. Il n'est pas indifférent que les grandes philosophies du XVIIe siècle et du XVIIIe aient pris pour modèle la science, aient dévalorisé la qualité au profit de la quantité, aient nié les qualités occultes, la magie, aient rationalisé la religion. Triomphante, la bourgeoisie avait besoin de la science. Mais à cette lucidité technique et calculatrice s'ajoute une étrange ignorance sur les lois économiques. Refusant de les étudier dans leur devenir, camouflant la nature de la plus-value, quantifiant le travail, le bourgeois ne peut que s'illusionner. Sa vision du monde se fige et, partagé entre la grandeur de la science et l'insondable puissance de la morale, il vit dans un écatèlement dont il ne sort que par des coups de forces. Vision tragique du Luthérien, de Pascal et surtout de Kant obligé de renvoyer à un hypothétique noumène ce que le Je pense ne suffit plus à garantir. Ne pouvant fonder sa propre vision dans une sphère homogène, il tombe dans la fadeur de l'empirisme ou dans l'écartèlement kantien, dans l'opposition entre un entendement qui sait et une raison qui réfléchit. On reconnaît là des thèmes où excelle Lukàcs. L'essai sur « la réification et la conscience du prolétariat » ouvre indéniablement des perspectives passionnantes qui ne se sont en rien démodées depuis cinquante ans.

Théoriquement, la conscience de classe du prolétariat devrait être plus lucide que son opposée. Il n'en n'est rien, car l'aliénation qu'elle subit est double. Réifiée par ses conditions de travail, prisonnière des idéologies dominantes présentées comme des valeurs universelles, victime des syndicats réformistes, elle en reste à une lutte économique privée de perspectives politiques. Doublement aliénée, dans son travail et dans son idéologie, la classe ouvrière ne paraît guère avoir plus de chance de se libérer que les esclaves antiques. Pourtant, Marx lui a montré la voie. Ici, Lukàcs présente une argumentation intéressante, en opposant deux conceptions de l'histoire et en exposant comment la théorie de la médiation permet au prolétariat de se concevoir comme classe d'un type nouveau. Pour la bourgeoisie, l'histoire est pensée selon le modèle d'un « progrès à l'infini » à travers les idées de développement, de reproduction élargie, d'enrichissement. Cette histoire-progrès n'a en fait pour but que d'éterniser la domination en imposant une vision idyllique du futur. En revanche, « la dialectique historique crée une situation radicalement neuve ». Non seulement, elle relativise tous les concepts, comme l'avait déjà vu Hegel, mais elle devient, avec Marx, « l'histoire du bouleversement ininterrompu des formes d'objectivité qui façonnent l'existence des hommes (10) ». Pour la conscience de classe du prolétariat, il résulte de cette nouvelle définition de l'histoire, qu'elle ne se pense plus abstraitement à travers des idéologies aliénantes, mais à travers les processus contradictoires qu'elle subit. Elle ne cherchera plus à voiler dans une harmonie illusoire les tensions qui l'habitent en se réfugiant dans la religion ou la morale. Elle tendra à détruire le système qui l'opprime en saisissant les raisons objectives de sa situation. Pour que l'aliénation devienne autre chose qu'une domination subie, il fallait donc dégager la philosophie de la contemplation et saisir les bouleversements propres à la conscience prolétarienne.

Si l'idéologie du prolétariat ne fonctionne pas comme celle de la bourgeoisie, il faut montrer le rôle nouveau qui lui est imparti : faire sortir l'humanité de sa préhistoire. Pour l'expliquer, Lukàcs introduit une différence originale entre praxis et pratique. « Ainsi la pensée prolétarienne n'est d'abord qu'une théorie de la praxis pour ne se transformer que peu à peu (souvent par bons, il est vrai) en une théorie pratique bouleversant la réalité (11). » La théorie de la praxis reste encore, dans une certaine mesure, au niveau des spéculations intellectuelles, puisqu'elle oppose à la description théorique une transformation qui reste encore à accomplir. En tant que telle, elle est inefficace. Il faut donc que la prise de conscience devienne pratique et pratique agissante pour que s'effectue le dépassement concret de la réification. En devenant action politique, la réification se nie pratiquement. On comprend alors pourquoi Lukàcs doit critiquer la théorie du

(10) *Histoire et conscience de classe*, p. 230.
(11) *Id.*, p. 253.

reflet à laquelle il reproche d'opposer deux pôles stables, le réel et ce qui s'en « reflète » dans la conscience. On reste encore dans des philosophies pré-dialectiques où le stable est censé garantir l'adéquation de la pensée et du monde, où tout se réduit aux essences platoniciennes ou à des images immuables. Pour une véritable pensée dialectique, il ne saurait y avoir de reflet puisque le procès renvoie au devenir, lequel ne peut être saisi que par des médiations de plus en plus riches qui excluent par principe l'immobilité d'un mauvais cliché. « Le critère de la justesse de la pensée, c'est bien la réalité. Mais celle-ci n'est pas, elle devient... le principe de la genèse est en fait le dépassement du dogmatisme (surtout sous sa figure historique la plus grandiose, la théorie platonicienne du reflet)... Et dans ce devenir, la conscience (la conscience de classe prolétarienne, devenue conscience pratique) est une composante nécessaire, indispensable, constitutive (12). »

Ici se rejoignent deux idées importantes d'*Histoire et conscience de classe* : d'une part, la nécessité de dépasser le fatalisme en insistant sur le rôle actif de la classe ouvrière, de l'autre la distinction entre une conscience simplement critique et le passage à la praxis. Dans les deux cas, la notion de reflet n'explique rien puisqu'elle oppose un réel stable et une pensée stable. La dialectique conçue comme procès et contradiction suppose que le résultat saisi dans ses multiples déterminations soit à chaque instant repris et transformé par la conscience de classe. Ainsi la réification n'est plus passivement subie, mais elle éclate pour devenir moteur de la révolte. Par delà la haine froide de la situation, l'activité révolutionnaire transforme le rapport de l'ouvrier à tout le procès de production. Tout l'effort de Lukàcs tend à montrer comment se nouent les deux facteurs : le système qui crée ses propres contradictions, la conscience de classe de l'opprimé qui le pousse à l'action.

DE L'ALIÉNATION À UNE THÉORIE DE L'HISTOIRE

Situer le matérialisme historique en face des théories traditionnelles et surtout par rapport aux penseurs allemands de

(12) *Histoire et conscience de classe*, p. 251.

l'époque, tels Rickert et Max Weber, est un des buts constants de Lukàcs. N'oublions pas que nous nous trouvons à l'apogée des « philosophies critiques de l'histoire » et d'une problématique issue du néo-kantisme. « A quelles conditions une théorie de l'histoire est-elle possible ? » se demandent les contemporains. Lukàcs répliquera en montrant les difficultés de toute conception de l'histoire qui en reste à une perspective du sujet, même si celle-ci est relativisée à l'intérieur d'une évolution ou d'une transformation des valeurs. Quelques pages décisives — mais passablement embrouillées — d'*Histoire et conscience de classe* ouvrent des aperçus passionnants mais souvent difficiles à comprendre parce qu'exposé et critique, analyses et digressions sont constamment mêlés. Lenteur toute germanique et qui ne répond en rien au goût français de la clarté...

Pour simplifier, on pourrait distinguer trois strates dans la réflexion de Lukàcs. La première décrit les matérialistes anciens et les Encyclopédistes, la seconde montre les apories de la philosophie hégélienne de l'histoire, la troisième, celles des contemporains. De ces analyses se dégagera la véritable définition de l'histoire, définition plus « philosophique » que celle de Marx, mais qui reste, selon nous, dans la ligne de l'*Idéologie allemande* ou de la *Contribution à la critique de l'économie politique*. Au XVIIIᵉ siècle, on a fort bien compris que le devenir historique impliquait une limitation à un certain type de raison dogmatique. D'Holbach se demandait si « l'animal a existé avant l'œuf ou l'œuf avant l'animal ». Dans la mesure où on ne garantissait plus l'ordre par un recours au divin, il devenait évident que les rapports de la genèse et de l'histoire imposaient une limitation aux anciennes certitudes. Cependant, selon Lukàcs, l'opposition entre le devenir et la raison ne pouvait se résoudre à l'époque. « Méthodologiquement, il importe de voir que la connaissance tant du qualitatif et du concret dans le contenu, que du devenir du contenu, autrement dit du devenir historique, était barrée par la méthode elle-même (13). » En effet, les matérialistes du XVIIIᵉ siècle s'arrêtent à un système de lois qui essaie de rendre compte des possibilités prévisibles. Mais

(13) *Histoire et conscience de classe*, p. 182.

c'est ramener le problème de la nouveauté à un problème de combinaisons de diverses variables en supposant que le système fonctionne toujours selon les mêmes structures et les mêmes lois. Le processus reste donc conçu comme un développement linéaire sur lequel se produisent des événements plus ou moins probables. Mais on n'admet jamais que ce processus puisse se « décentrer », se transformer en étant parcouru par des moments contradictoires. D'où une certaine rigidité, puisque la raison conçue selon les normes de la physique newtonienne ne connaît que des jeux de probabilités et jamais de transformations radicales mettant en jeu la structure même du progrès-processus. L'histoire relativise la raison, mais en même temps la raison scientifique donne sa norme au système de lois qui caractérise le développement. Difficultés insolubles.

En affirmant que le « vrai est sujet », Hegel débloque le vieux rationalisme et permet de comprendre à la fois la genèse de la pensée et la genèse de la société. Mais la question se déplace : au problème kantien du « Je transcendantal » se substitue le problème de l'action, qui à travers les différentes dialectiques renvoie finalement à l'existence d'une collectivité, à l'esprit d'un peuple, détermination « naturelle » de l'esprit du monde. C'est ici que Hegel, selon Lukàcs, tombe dans la « mythologie ». L'histoire perd toute autonomie, puisqu'elle renvoie à un au-delà de l'histoire, la raison universelle. « L'histoire n'est pas en mesure de constituer le corps vivant de la totalité du système : elle devient une partie, un moment du système d'ensemble qui culmine dans l'esprit absolu, dans l'art, la religion et la philosophie (14) ». Hegel, philosophe de l'histoire, quelle erreur ! Bien plus, le système souffre d'une contradiction indépassable. Alors que l'histoire est nécessaire pour fonder la problématique de la conscience et celle du développement du concept dans le temps, elle n'a en fait aucun statut, puisqu'elle manifeste seulement une raison plus haute qu'elle. S'identifiant finalement aux « ruses de la raison », à la contingence bariolée de l'événement, elle se réduit à une simple épiphanie de l'idée. « Et la méthode devenue abstrai-

(14) *Histoire et conscience de classe,* p. 185.

tement contemplative, en falsifiant et violant ainsi l'histoire, est à son tour violée et mise en pièces par l'histoire qui n'a pas été dominée (15) ». Ce que Hegel espérait dépasser — la dualité du sujet et de l'objet — réapparaît. Il ne reste à l'histoire que la scission infinie de la conscience de soi, l'aliénation, arbitrairement récupérée par un savoir qui n'a d'autre loi que le développement de sa propre rationalité. Par rapport aux matérialistes du XVIIIᵉ siècle, Hegel n'invente qu'une « mythologie » plus élaborée.

De la même manière, Dilthey ou Weber n'échappent pas à la critique. Certes, ils ont dépassé l'empirisme monadologique et ont réintroduit la totalité sous forme de structure en élaborant une théorie des types, mais il n'en reste pas moins qu'ils sont victimes de l'illusion constante de la pensée bourgeoise : l'impossibilité de trouver des médiations. Selon Lukàcs, les philosophies critiques de l'histoire, en s'enfermant dans le problème des rapports du sujet et de l'objet, sont restées — très volontairement d'ailleurs — dans une problématique kantienne. Pour elles, l'objet historique n'existe pas en tant que tel, il existe à partir du sujet qui le pense selon son point de vue, ses valeurs, sa vision du monde. A force de se demander à quelles conditions la connaissance historique est possible, on en arrive à vider l'objet de l'histoire de sa pesanteur. D'un côté il se réduit au travail technique de l'érudit, de l'autre il dépend de la construction idéologique qu'effectue sur lui un penseur situé dans le temps et dans l'espace. En se dédoublant, l'objet s'évanouit dans le pur phénomène dont on ne peut rien dire réellement, parce que les deux bouts de la chaîne se perdent dans une reconstruction subjective. Même si on admet que le travail de reconstruction a été poussé aussi loin que le permettent les techniques en vigueur à une époque donnée, l'effort pour penser les causes et reconstruire une totalité dépend des principes de chaque historien. Chaque fait historique renvoie à un système d'interprétation, à une facticité « inexpliquée et inexplicable ». Par une sorte de retournement, les philosophies critiques de l'histoire aboutissent à un anti-historicisme, à une auto-suppression de l'histoire. L'immé-

(15) *Histoire et conscience de classe*, p. 187.

diateté est élevée au concept, sans qu'on puisse saisir le processus. L'histoire échappe à la connaissance et se transforme en herméneutique.

Pour Lukàcs, la bourgeoisie ne peut penser l'histoire parce que sa propre situation de classe l'empêche de sortir de la problématique du sujet et de l'objet. Pour elle, la médiation reste inconcevable. « La seule façon de sortir de cette immédiateté, c'est la genèse, la production de l'objet (16). » Incapable d'accomplir un mouvement critique vers la « production réelle de l'objet », elle se perd dans l'immédiat ou dans le relativisme, et ses scrupules méthodologiques ne font que voiler son impuissance théorique et pratique. Il faut donc relire Marx. L'intérêt des thèses de Lukács vient de ce qu'il évite la litanie des citations canoniques pour repenser, à travers son expérience, le concept d'histoire. Comme toujours, il va s'appuyer sur le thème de la totalisation, et l'on verra, avec un certain étonnement, comment il l'utilise. « ... L'histoire comme totalité (histoire universelle) n'est ni la somme simplement mécanique des événements historiques particuliers, ni un principe de considération transcendant les événements historiques particuliers, qui ne pourrait donc s'imposer que par le moyen d'une discipline propre, la philosophie de l'histoire (17). » Ayant éliminé à la fois l'empirisme et la philosophie de l'histoire, il lui faut construire sa propre théorie, et ici se posent de nombreux problèmes. Il en a conscience puisqu'il donne plusieurs définitions de l'histoire qui ne se recoupent pas toujours.

Prenons la définition — à notre avis — la plus complète. « L'histoire est bien plutôt d'une part le produit évidemment inconscient jusqu'ici, de l'activité des hommes eux-mêmes, d'autre part la succession des processus dans lesquels les formes de cette activité, les relations de l'homme à lui-même (avec la nature et avec les autres hommes) se transforment (18). » Si nous comprenons bien, ce texte comporte deux affirmations distinctes. La première dit qu'avant le matérialisme

(16) *Histoire et conscience de classe*, p. 195.
(17) *Id.*, p. 192.
(18) *Id.*, p. 230.

historique, les mécanismes de l'histoire sont restés inconscients pour les hommes. La seconde, plus générale, définit l'histoire par la praxis, c'est-à-dire par les rapports des hommes entre eux et des hommes à la nature. Ceci est précisé dans le texte suivant : « L'histoire est justement l'histoire du bouleversement ininterrompu des formes d'objectivité qui façonnent l'existence de l'homme (19). » Le problème se précise. Il ne s'agit plus de s'arrêter à la succession empirique des événements, ni de juxtaposer des faits simultanés, mais de découvrir « un système de relations se transformant dynamiquement, dans lesquels se déroule le processus de confrontation de l'homme à la nature et de l'homme à l'homme (20) ». On retrouve alors l'idée classique que genèse et théorie ne coïncident pas, bien que la théorie renvoie à l'histoire comme lieu d'épreuve, et que l'histoire ne se lit qu'une fois dégagées les catégories abstraites du capitalisme. L'histoire se présente alors à la fois comme problème méthodologique et comme problème de la connaissance du présent.

Ainsi échappe-t-on aux « énigmes » qu'on reproche à l'histoire traditionnelle. Lukàcs en tire plusieurs conséquences. D'abord le marxisme n'est pas un relativisme (et sur ce point une polémique avec Gramsci pourrait s'instaurer), ni un relativisme de type hégélien qui intègre toutes les réalités, ni un relativisme de type empiro-criticiste qui n'est qu'une forme du néo-kantisme. Une nouvelle idée s'impose qui récuse la continuation indéfiniment prolongée de l'engendrement et du dépassement à travers les contradictions pour mettre à l'ordre du jour la disparition radicale du système et de ses formes de rationalité ou plutôt d'irrationalité. Sortir de la préhistoire de l'humanité signifie l'abandon des idéologies justificatrices et aliénantes. D'où seconde conséquence, l'« humanisme » marxiste ne ressemble pas à celui de Tolstoï, de Carlyle ou des chrétiens parce qu'il ne prêche jamais un dépassement individuel de la réalité. L'homme n'est pas la mesure de toute chose « car l'individu fait nécessairement face à la réalité objective, ensemble de choses

(19) *Histoire et conscience de classe*, p. 230.
(20) *Id.*, p. 230.

figées... Seule la classe peut se rapporter à la totalité de la réalité de façon pratique et révolutionnaire (21) ». Quant aux penseurs « audacieux », comme Nietzsche, ils n'ont de sens qu'à titre de symptômes : leur relativisme n'est qu'une expression de la décadence de la vieille culture et de la religion. « Ces relativistes ne font rien d'autre que de figer, sous la forme d'une limite « éternelle » biologique, pragmatique, etc. la limite actuelle socialement et historiquement donnée de la conception que l'homme a du monde (22). »

Très adroitement Lukàcs se garde contre les objections qui viennent naturellement à l'esprit lorsqu'on lit ses diverses définitions de l'histoire. Pas de relativisme, puisque le prolétariat doit réaliser la rupture entre le passé et le futur, entre la préhistoire et la création d'une société enfin dominée par l'homme. Pas d'humanisme puisque seule la classe en tant que telle transforme la réalité. L'aliénation, la réification décrites avec tant de détails ne renvoient pas aux malheurs solitaires de la conscience de soi, mais aux contradictions objectives issues du processus réel. *Histoire et conscience de classe* reste donc un témoignage de fidélité au marxisme.

Plus discutable sans doute est la catégorie-miracle de totalité, chargée de rendre compte de toutes les connexions possibles, de toutes les instances et de leurs liaisons, de leur dynamisme et de leurs inter-actions. Nous comprenons bien que Lukàcs polémique contre les séparations rigides et mécaniques de Kautsky ou de Lassalle. Nous saisissons aisément qu'il s'agit pour lui de réintroduire une vision dialectique du processus contre le fatalisme économique. Mais que signifie la totalité? Comment penser la société comme totalité? Cette notion apparaît souvent sous la forme d'un « comme si... », comme une exigence, une limite, un savoir absolu qui s'ignore dans la vie empirique et que le marxisme serait chargé de rendre transparent. Dans l'analyse de la conscience possible, cet aspect est très net. Si les hommes saisissaient l'ensemble de leur situation, leurs intérêts de classe, les forces en jeu, ils pourraient dépasser la distance

(21) *Histoire et conscience de classe*, p. 238.
(22) *Id.*, p. 232.

qui existe entre leur conscience actuelle (aliénée) et ce qui théoriquement est pensable (et qui passant dans la pratique devient révolution). On se croit presque retourné au troisième genre de connaissance de Spinoza : une fois abolies les distinctions qui voilent la connaissance, une fois la prise de conscience des aliénations effectuée, tout devient possible. Chez Lukàcs, la béatitude est remplacée par la révolution...

Plus grave, comment caractériser la totalité ? La voie structuraliste moderne est exclue, si on définit la structure par des processus d'auto-régulation, de totalisation et de déplacements rigoureusement réglés. Pour Lukàcs, seules jouent les contradictions principales ou secondaires à l'intérieur d'instances hiérarchisées. Mais la totalité en tant que telle paraît souvent une réalité évanescente, exactement comme l'idée de forme qu'affectionne Lukàcs et son contemporain Cassirer. Ne se trouve-t-on pas en face d'une sorte de jugement réfléchissant ? Au moment où écrivait Lukàcs, il était difficile de préciser la notion de totalité...

Il convient de lire *Histoire et conscience de classe* sans oublier les perspectives politiques et le contexte idéologique de l'époque. Si le livre a été condamné à la fois par la social-démocratie et par la *Pravda* du 5 juillet 1924, il faut rappeler l'enjeu philosophique : la théorie léniniste du reflet et la dialectique de la nature. Karl Korsch raconte, à sa manière, l'affaire. « Résumons cette querelle philosophique de l'année 1924, sans la dépouiller pour autant de la forme idéologique qu'elle a revêtue dans la conscience des intéressés : il s'agissait d'une discussion entre l'interprétation léniniste du matérialisme de Marx-Engels, alors solennellement canonisée en Russie, et les opinions de G. Lukàcs et de nombreux théoriciens des partis communistes hongrois et allemands, considérés à tort ou à raison comme les « adeptes » de celui-ci, opinions qui s'« écarteraient » de ce canon pour donner dans l'idéalisme, et dans la critique kantienne de la connaissance et dans la dialectique hégélienne (23). » On sait la suite... Lukàcs fait son auto-critique et n'écrit plus de philosophie pendant dix ans ; Korsch, lui, se fait exclure du Parti en 1926. Destins ?

(23) Karl Korsch, *Marxisme et philosophie*. Paris 1964, p. 41-42.

5 RARETÉ, VIOLENCE ET RAISON
DIALECTIQUE CHEZ SARTRE

Avec la *Critique de la raison dialectique* (1960), Sartre
écrit le premier tome de ce qui sera sa théorie de l'histoire.
Livre passionnant, livre illisible où des analyses éblouissantes succèdent à d'infinies digressions, où des aperçus de
génie se perdent dans les méandres et dans les sables d'un
discours dont on ne saisit pas toujours sur quelle voie il
chemine. Dernière des grandes tentatives de synthèse,
ce livre s'impose par son ambition : « A quelle condition
une connaissance de l'histoire est-elle possible ? Dans quelles
limites les liaisons mises à jour peuvent-elles être nécessaires ? Qu'est-ce que la rationalité dialectique (1) ? » Projet
apparemment kantien, mais dont l'originalité réside dans
le fait qu'il se situe à l'intérieur du marxisme considéré
comme la théorie indépassable de notre temps. C'est de la
convergence de ces deux exigences que naît l'intérêt de
l'ouvrage. Dans un premier tome, Sartre jette les bases
d'une anthropologie dynamique considérée comme une
région à l'intérieur d'une totalité plus vaste, le marxisme.
Le second tome — s'il voit le jour — devrait nous mener à
l'histoire proprement dite. Telle qu'elle se présente, la
recherche est déjà très avancée et les grands thèmes du
marxisme (lutte des classes, dictature du prolétariat, rapports
de la situation et de l'action, matérialisme) sont abordés
avec vigueur et lucidité. Sartre ne fait pas partie des croyants :
il lit les textes et dit ce qu'il en pense. Enfin, il a le courage

(1) *Critique de la raison dialectique*, p. 135.

de ne pas éluder les questions au nom du théorique pur ; pour lui, la bureaucratie, le stalinisme, Budapest ne sont pas des entités, ni des survivances, ni de regrettables erreurs, ni d'inévitables bavures. Le militant, le penseur engagé percent derrière ses jugements, et cette recherche abstraite veut répondre aux problèmes de notre temps.

A notre avis, l'incompréhension suscitée par cette œuvre — du moins en France — tient à deux types d'objections. Les uns ont reproché à Sartre de rester existentialiste et de ne s'emparer du marxisme que pour mieux se l'approprier à sa manière : marxisme « compréhensif », dit Raymond Aron et qui en définitive se rapprocherait de Max Weber. Humanisme, clament les autres, c'est-à-dire déviation petite-bourgeoise, pré-marxiste selon Althusser, conduisant à privilégier l'homme et à ignorer l'entreprise scientifique du *Capital*. Affirmations légères et qui masquent l'enjeu de ce livre. Sartre, on le sait, s'intéresse peu à la science et il fait confiance aux économistes pour juger de la validité technique des analyses du *Capital*. En revanche, il prend au sérieux la réflexion et il pose au marxisme les questions qu'il a laissées dans l'ombre. Quel est le statut de la vérité ? Comment fonctionne une raison dialectique ? Qu'est ce qu'une totalisation ? En ce sens son entreprise est aux antipodes de celle d'Althusser, qui au fur et à mesure qu'il écrit, élimine tout ce qui ressemble de près ou de loin à l'humanisme. A la formule « l'histoire est un processus sans sujet », Sartre a répondu par avance : « l'essentiel n'est pas ce que l'on a fait de l'homme, mais ce qu'il fait de ce qu'on a fait de lui (2) ». Toute la *Critique de la raison dialectique* vise à préserver ce lieu de la praxis, ce qui ne signifie pas qu'on élimine les structures, mais qu'on montre comment l'histoire ne se réduit pas au pur jeu mécanique des contradictions nécessaires.

VÉRITÉ ET DIALECTIQUE

« J'ai dit et je répète que la seule interprétation valable de l'histoire humaine était le matérialisme dialectique (3). »

(2) *L'Arc*, numéro consacré à Sartre, 1966, p. 95.
(3) *Critique de la raison dialectique*, p. 134.

Mais malheureusement, si le marxisme permet de faire progresser les connaissances, si son interprétation de l'histoire est juste, il est incapable de se fonder lui-même. Marx n'a jamais réalisé son projet d'écrire sur la dialectique, et ce vide, Sartre veut le combler, en déterminant le statut de la vérité. « On ne sait pas ce que c'est pour un marxiste que de dire le vrai. Non que le contenu de ses énoncés soit faux ; loin de là ; mais il ne dispose pas de la signification : Vérité (4). » Pour répondre aux critiques des positivistes, pour éviter le dogmatisme et « l'idéalisme matérialiste », il faut poser le problème de l'étendue et des limites d'une raison dialectique.

Selon Sartre, la question n'existait pas pour Hegel dans la mesure où le savoir et l'être s'identifiaient dans une philosophie de l'histoire qui aboutissait à privilégier la seule référence au Savoir absolu. L'avenir n'y était pas pensable, parce que tout était déjà dévoilé. En revanche, pour Marx, l'histoire est en cours, de telle sorte que la capacité de comprendre le présent et l'avenir devient décisive théoriquement et pratiquement. Par là le savoir reste irréductible à l'être, contrairement aux affirmations simplistes tirées de certains textes de Engels. Revu par Sartre, le marxisme doit nécessairement s'interroger sur le statut de la raison dialectique. Par là, il pourra enfin répondre aux arguments positivistes qui croient l'acculer à d'insolubles contradictions en lui demandant de quel droit on peut penser l'histoire si les événements ne se réduisent pas à un enchaînement nécessaire de causes et d'effets. La raison dialectique se définit d'abord par son opposition à la raison analytique qui règne dans les sciences et à laquelle s'accroche le positivisme. Elle cherche à réfléchir sur le savoir tandis que la raison scientifique tâche de déterminer « quantitativement une relation fonctionnelle ». La science n'est ni dialectique, ni antidialectique ; elle travaille dans un autre domaine. « Les lois scientifiques sont des hypothèses expérimentales vérifiées par les faits (5). » La solution d'Engels — que Sartre appelle « idéalisme dogmatique » — consiste à supprimer l'homme en le désintégrant dans la nature, à substituer l'être à la vérité.

(4) *Critique de la raison dialectique*, p. 118.
(5) *Id.*, p. 125.

Quant à la dialectique de la nature que rien ne prouve « scientifiquement », elle substitue au travail du savant une réflexion sur le savoir qui rappelle les Idées de la raison chères à Kant. Bien entendu, la théorie du reflet doit être dénoncée. Elle explique à la rigueur le conditionnement de la pensée, mais omet de dire ce qu'est la connaissance du monde. En conséquence, la raison dialectique, pour échapper aux erreurs d'antan, doit arriver à se fonder elle-même. Entreprise difficile et contradictoire puisqu'il faut rendre compte à la fois des conditions qui forment le sol de l'histoire et de l'action par laquelle les hommes font l'histoire.

Puisque Sartre exclut la contradiction de l'ordre de la nature, il ne reste plus qu'à trouver une contradiction qui naisse à l'intérieur même de l'expérience. « La seule possibilité qu'une dialectique existe est elle-même dialectique, ou si l'on préfère, la seule unité possible de la dialectique comme loi du devenir historique et de la dialectique comme connaissance en mouvement de ce développement doit être l'unité d'un mouvement dialectique. L'être est négation du connaître et le connaître tire son être de la négation de l'être (6). » La négation qui surgit entre l'être et le connaître rend donc possible la dialectique. Mais ici, ne retombe-t-on pas dans les vieilles chimères idéalistes de l'opposition entre le savoir et l'être ? Des précisions s'imposent.

1) La dialectique est à la fois subie et faite. Subie parce que l'homme fait l'histoire sur la base des conditions antérieures, faite parce que l'histoire résulte de l'action des hommes.

2) Mais pour éviter que l'histoire ne redevienne cette sorte de fatalité hégélienne où s'enchaînent à travers les contradictions les divers moments du devenir, il faut ajouter que la dialectique naît à partir de l'action des individus en situation. Non pas de l'homme en général, mais des êtres concrets réagissant suivant des projets divers, des idéologies contradictoires, des situations de classe, etc. Tout déterminisme historique est exclu et Sartre raille les marxistes qui voient dans Napoléon l'aboutissement « nécessaire » de la Révolution.

(6) *Critique de la raison dialectique*, p. 131.

3) Ces individus qui font et subissent l'histoire n'agissent qu'à travers des contradictions de telle sorte que la dialectique apparaît à la fois comme résultante et comme force totalisante. Cette totalisation ne peut se comparer à la totalité figée de la *Gestalttheorie* ou même à des structures relativement stables. Toujours en devenir, se constituant à travers des totalisations concrètes, subie et partiellement intelligible, la dialectique unifie, tout en supposant l'inachèvement de toute situation en mouvement. Il n'existe pas de vérité constituée au septième ciel des idées, ni d'intelligibilité indépassable d'une belle totalité close sur elle-même.

4) Enfin, la dialectique est matérialiste, non seulement parce que la pensée est matérielle, mais parce qu'elle renvoie à une praxis qui se constitue « dans et par l'univers matériel, comme dépassement de son être-objet par l'autre tout en révélant la praxis de l'autre comme objet (7) ». D'ailleurs une structure particulière de la matière et du monde impose sa détermination à l'homme, structure qui selon Sartre relève de la nécessité et de la rareté. Expérience primitive sur laquelle nous reviendrons.

En somme, la dialectique n'existe que parce que l'histoire renvoie à la praxis qui ne se comprend elle-même que par une différence entre l'être et le faire, la passivité et l'activité. La faiblesse théorique du marxisme ne vient pas du contenu qu'il donne à ses descriptions (lutte des classes, rapports de production, etc.), mais de l'impossibilité où il se trouve de déterminer la dialectique et son statut.

Par là s'expliquent les déviations dogmatiques, pseudo-holistiques ou semi-empiristes de toute sorte. Et, après le choc du Stalinisme, le projet de Sartre se justifie comme un effort pour sortir de la sclérose et pour répondre à une situation historique nouvelle. « Autrement dit, l'expérience critique ne peut avoir lieu dans notre histoire, avant que l'idéalisme stalinien ait sclérosé à la fois les pratiques et les méthodes épistémologiques (8). » Il devient alors temps d'entreprendre cette recherche théorique nouvelle, située très précisément à un moment de l'histoire. Ainsi exorcisé le

(7) *Critique de la raison dialectique*, p. 132.
(8) *Id.*, p. 141.

fantôme de la dialectique dogmatique et jetées les bases de l'entreprise critique, il reste à déterminer les instruments par lesquels va se prouver le processus dialectique. Il s'agit de trouver les preuves de l'intelligibilité de la dialectique et de fonder ainsi ce statut de vérité qui manquait au marxisme.

Le chapitre « Critique de l'expérience critique » est programmatique. « Ce n'est pas l'histoire réelle de l'espèce humaine que nous voulons restituer, c'est la vérité de l'histoire que nous tenterons d'établir (9). » Propos étonnants et qui font penser aux rapports qu'entretenaient la philosophie et la science jadis. Ainsi Marx tout comme Newton aurait fourni les clés de la science de l'histoire et Sartre tout comme Kant aurait déterminé les conditions de vérité de cette science. Encore Sartre va-t-il plus loin puisqu'il se propose d'établir la « vérité de l'histoire ». En attendant le second tome, le premier tome se contentera « pour parodier un titre de Kant [de] jeter les bases de *Prolégomènes à toute anthropologie future* (10) ». Seront critiquées la sociologie, la psychanalyse et toutes les entreprises théoriques qui n'ont pas su fonder l'intelligibilité de la dialectique. Seront éliminées de même les idéologies qui ignorent que l'homme est projet, les sciences sociales qui réduisent l'histoire au jeu des structures. Pour résoudre le problème de l'intelligibilité de la dialectique, il faut trouver une région ontologique où existe une totalisation en cours. La science étant exclue puisqu'elle ne dépasse pas la raison analytique, la nature étant renvoyée à son inertie, il ne reste que la solution de découvrir cette totalisation à l'œuvre dans la praxis. Cependant, si la praxis peut se montrer totalisatrice, rien ne prouve que cette totalisation est intelligible. « C'est une chose d'indiquer que les individus totalisent les dispersions de leur existence... et c'est une autre chose de montrer qu'ils se totalisent eux-mêmes intelligemment sans que la plupart d'entre eux en aient aucun souci apparent (11). »

Il existe alors une connaissance propre à l'histoire que Sartre — après Dilthey et Max Weber — appelle compré-

---

(9) *Critique de la raison dialectique*, p. 152.
(10) *Id.*, p. 153.
(11) *Id.*, p. 142.

hension et qui, dans son langage, désigne toutes les praxis intentionnelles. Pourtant ce mode de compréhension ne suffit pas à rendre compte de l'ensemble des phénomènes historiques qui supposent aussi bien l'imprévisibilité de l'événement que le poids des institutions ou la pesanteur des structures. Ici, entre en jeu l'intelligibilité, c'est-à-dire la possibilité de totaliser ce qui échappe à la compréhension relativement simple des actes intentionnels. Cette intelligibilité de la dialectique se dévoile à travers des multiplicités où la praxis se présente comme projet « libre » ou comme retournement de l'action en anti-dialectique : domaine des actes éparpillés, des intentions détournées de leurs sens, de la sérialité et des ruses de la raison. L'intelligibilité doit rendre pensable les divers types de totalisation à travers leurs contradictions, leur imprévisibilité et le sourd déroulement d'une temporalité qui ne sera jamais autre chose que les affrontements de praxis hétérogènes.

Ces cent cinquante premières pages dont certaines sont devenues classiques rendent perplexe le lecteur. Il se trouve dans une sorte d'inter-monde où l'on ne parle plus existentialisme, mais où l'on ne parle pas non plus marxisme. Aujourd'hui, personne ne s'étonnera du texte intitulé « Questions de méthode » qui paraît fort en retrait et de la pratique littéraire de Sartre et de sa philosophie. On ne s'indignera guère devant le rejet de la dialectique de la nature ou devant le refus de la théorie du reflet. Mais le lecteur se demandera ce que signifie réellement ce projet de fonder le marxisme. Continuer Marx en écrivant ce fameux texte sur la dialectique qu'il n'a jamais rédigé, ou retourner aux phantasmes de la philosophie traditionnelle ? Fonder la vérité de l'histoire — très bien — mais que signifie pour Sartre cette Vérité (écrite dans le texte avec un V majuscule) ? Quel est le statut de l'épistémologie sartrienne ?

La distinction entre une raison analytique et une raison dialectique peut à la rigueur se justifier, mais il faudrait prouver que seule la raison dialectique peut fonder son intelligibilité. Certains textes nous paraissent inquiétants. « Le savant moderne considère la Raison comme indépendante de tout système rationnel particulier ; pour lui, la Raison c'est l'esprit comme vide unificateur ; le dialecticien, lui, se place dans un système : il définit une Raison, il rejette *a priori* la Raison purement analytique du XVIIᵉ siècle, ou si l'on veut il l'intègre comme le moment premier d'une Raison synthétique et progressive... La Raison dialectique dépasse le cadre de la méthodologie ; elle dit ce qu'est un secteur de l'univers, ou peut-être ce qu'est l'univers entier... (12) ». Un certain nombre d'affirmations étonnent : qu'est-ce que cette raison du savant qui se présente comme « vide unificateur »? Pourquoi la raison dialectique peut-elle dire ce « qu'est un secteur de l'univers, ou peut-être tout l'univers entier? » Engels *redivivus*... Si l'on veut éviter de retomber dans la métaphysique, il faut que la raison dialectique ait un statut qui n'échappe pas à la science et qui ne renvoie pas celle-ci dans l'inessentiel. Dans ce sens la tentative de D. Dubarle pour comprendre la dialectique à l'aide de la logique contemporaine nous semble décisive (13). Mais ceci suppose qu'on n'établisse pas un pont infranchissable entre la raison analytique et la raison dialectique. Les recherches actuelles s'acheminent plutôt vers une unification.

Une autre difficulté, liée à la première, concerne la totalisation. Comme Lukàcs, Sartre explique que la totalisation n'est pas la totalité, qu'elle dépasse de tout son dynamisme le fixisme des structures que voudraient imposer certains sociologues ou les simples combinatoires (pertinence, opposition, concomitance, etc.). Mais l'idée de totalisation n'est-elle pas une incantation magique qu'invoquent tous ceux qui ont voulu récuser les dégénérescences mécanistes ou autres du marxisme? Nous pensons ici à Lukàcs, dont la pensée est, sur ce point, plus proche qu'on ne le croit de celle de Sartre. Peut-on sortir du mécanisme déterministe et de l'économisme vulgaire en se réfugiant dans des processus de totalisation censés caractériser la dialectique? Dans *Histoire et conscience de classe*, Lukàcs reste prudent et s'accroche aux textes méthodologiques bien connus ; plus ambitieux, Sartre veut chercher la vérité de l'histoire, en décrivant les diverses formes de totalisation qui qualifient toute activité humaine dès lors qu'elle se présente comme résultat et dépas-

(12) *Critique de la raison dialectique*, p. 119.
(13) D. Dubarle et A. Doz, *Logique et dialectique*. Paris 1972.

sement. A la différence des autres types de connaissance, l'histoire porte en elle cette rationalité dialectique qui se constitue dès qu'un homme affronte le monde dans lequel il vit. Une fois exclu le Savoir absolu, toute raison dialectique semble condamnée à ce dilemne : ou fonder la dialectique dans les choses comme Engels ou Lénine, ou la fonder dans des processus de totalisation purement humains comme Lukàcs ou Sartre... Difficulté peut-être insoluble et qui expliquerait pourquoi Marx n'a pas écrit sa Logique... Ces réserves n'enlèvent rien d'ailleurs à la plus importante tentative pour penser le marxisme aujourd'hui.

INERTIE, VIOLENCE ET PRAXIS

« L'homme est médié par les choses dans la mesure où les choses sont médiées par l'homme (14). » Pour préciser cette formule, il faudra répondre à plusieurs questions : 1) Qu'est-ce que la praxis qui se donne selon une double expérience de nécessité et de liberté. 2) Comment l'histoire, ce « pullulement de destins individuels », peut-elle se donner comme totalisation ? 3) Que signifie l'avenir si la dialectique est une compréhension du présent par le passé et l'avenir ? 4) Qu'est-ce que la matérialité de la praxis ?

Si l'on veut éviter les pièges d'une pensée qui s'installe d'emblée dans les structures, il faut évidemment décrire les premiers rapports au monde de l'individu. « Si le rapport humain n'est qu'un produit, il est réifié par essence et l'on ne comprend même plus ce que pourrait être sa signification (15). » En décrivant cette double liaison de la nécessité et de la liberté, on rend à l'histoire sa singularité et on évite de la figer dans la nécessité brute. Mais ici Sartre se sépare des analyses marxistes. Pour lui, on ne peut partir des rapports de production et de l'économique ; il faut retourner en arrière et étudier les premiers rapports de l'homme au monde. « Cela signifie qu'à sauter l'étape abstraite de la relation humaine et à nous établir tout de suite dans le

(14) *Critique de la raison dialectique*, p. 165.
(15) *Id.*, p. 180.

monde cher au marxisme des forces productives, du mode et des rapports de production, on risque de donner raison sans le vouloir à l'atomisme du libéralisme ou à la raison analytique (16). » Deux pôles vont alors commander toutes les analyses sartriennes : un pôle d'inertie où toute action se transforme en son contraire et un pôle d'activité où malgré le poids du monde et des circonstances, la totalisation s'effectue dans une praxis ouverte sur un projet.

Au stade du pratico-inerte, l'individu se trouve dans un univers où dominent le besoin, la rareté, la violence, l'aliénation. L'homme « est le produit de son produit », son action se retourne contre lui, il fait l'expérience de son impuissance. Enfer du quotidien, de la répression, de l'auto-censure, de la violence visible ou invisible. Dans cette transformation de l'individu en collectif sans âme et sans pouvoir règne la contrainte de la matière, la négation de l'homme par l'homme. Métro-boulot-dodo. En se découvrant sous le mode de l'être-en-dehors de soi, chacun subit cette vie où tout échappe : univers de la banalité et de la sérialité où triomphent l'inertie, l'extériorité, le poids des choses. Homme floué, piégé qui dans la solitude ou la foule ne rencontre qu'absence et réification, désagrégation et indifférence. Ce n'est même pas le malheur, car la victoire du système consiste à faire intérioriser cette apocalypse sous le mode d'un ordre « naturel » et « nécessaire ». Comme les héros de Beckett ou de Ionesco, on vit de cette banalité. L'enfer ce n'est même plus les autres, puisqu'on les a supprimés dans l'anonymat de la sérialité.

Pourquoi ces descriptions ? Et pourquoi ont-elles un rôle fondateur ? A la fin de la première partie, on voit poindre la sortie du tunnel lorsque le collectif se transforme en groupe, lorsqu'à la sérialité passive des piétons attendant l'autobus va succéder la joyeuse animation d'une manifestation. Au monde de l'extériorité subie se substitue l'action consciente du groupe. Au stade du pratico-inerte, nous n'avons pas vraiment atteint l'histoire. Nous subissons la passivité intériorisée de la banalité qui nous transforme en individus isolés, disciplinés, atomisés. Comment peuvent naître,

(16) *Id.*, p. 179.

dans ces conditions, des totalisations qui permettent de décrire les premières formes de la dialectique, les premières expériences d'un projet qui se retourne constamment contre lui-même ?

Pour Sartre, la liberté ne se définit jamais comme cette conquête de soi et du monde que décrivait la philosophie classique. Elle exprime simplement cette « nature » qu'a l'homme d'être autre chose que la nature. Projet, disait l'*Être et le néant*; totalisation, dit la *Critique de la raison dialectique*. Cette totalisation est rendue possible parce que la praxis la plus simple porte en elle la négation sous un mode qui diffère du simple besoin biologique. Le jeu primitif de l'organique et de l'inorganique reste pure extériorité, pure lacune à combler, pur manque qui tend à se disperser dans l'inorganique et qui ne dépasse pas la synthèse élémentaire du changement et de l'identité. Avec la praxis et le projet se produit un bouleversement : ce qui était extériorité et pluralité inerte devient totalisé en vue d'une fin à accomplir. « Le travail ne peut exister, quel qu'il soit, que comme totalisation et contradiction dépassée (17). » On croit tenir le fil, mais ici se produit l'analyse tout à fait extraordinaire de la rareté.

Contingente et décisive, telle apparaît la rareté. Contingente, parce qu'on peut bien imaginer une planète de science-fiction qui l'ignorerait et où le travail serait la seule totalisation dialectique ; décisive parce qu'elle produit la forme particulière de notre histoire humaine (et non pas de toute histoire pensable ou imaginable...). Sa définition semble opérer à plusieurs niveaux. Sous sa forme la plus élémentaire, la rareté se présente comme une propriété de la matière qui impose à l'homme de vivre dans une contre-histoire ou une anti-praxis. Il ne s'agit pas tant du fait que des millions d'hommes meurent encore de faim, mais plus généralement du fait que la rareté impose à chaque société de choisir ses morts (politique de la santé, guerres, organisation des risques, etc.). Donc elle joue tout autant dans les sociétés d'abondance que dans l'univers du sous-développement. Cet aspect va transformer la praxis en anti-praxis,

(17) *Critique de la raison dialectique*, p. 173.

en créant un milieu négatif qui réalise la totalité des individus comme impossibilité de coexister : l'activité se retourne contre elle, les individus s'opposent dans leur altérité et arrive alors le règne de la violence. La rareté détermine donc ce monde d'injustice et de luttes. Son rôle devient décisif du point de vue théorique : elle seule « fonde la possibilité... de l'histoire humaine (18). » Après coup seulement, viennent les modes de production et les antagonismes de classe.

Cette analyse demande des explications. Sartre se défend d'avoir repris un vieux thème de l'économie politique classique et de revenir ainsi à une position pré-marxiste. Pour lui, il ne s'agit pas de décrire la rareté par rapport à la consommation comme le firent A. Smith ou Ricardo, ni non plus de compléter le marxisme. « Ce que nous montrons, nous, c'est ceci : la possibilité que ces relations sociales deviennent contradictoires, vient elle-même d'une négation inerte et matérielle que l'homme réintériorise (19). » C'est sur ce point que Sartre, malgré ses protestations, s'éloigne le plus du marxisme, qui ne parle qu'épisodiquement de la rareté et seulement pour la rattacher à une situation de classe. D'ailleurs, il est optimiste et lorsqu'il s'oppose à Malthus, il fait bien ressortir qu'une société socialiste devrait régler la question. Jusqu'à ces dernières années, les Chinois ne s'opposaient-ils pas au birth-control parce qu'ils espéraient atteindre rapidement un grand développement économique ? Quant à la violence, si elle est décrite dans de nombreux textes d'Engels, son statut reste ambigu. « Car en un sens, s'il la voit partout et fait d'elle, après Marx, l'accoucheuse, et si les mots ont un sens, la lutte renvoie à la violence — et dans un autre sens, il se refuse, à juste raison, à suivre Dühring quand celui-ci veut fonder la propriété et l'exploitation sur la violence (20). » Alors que signifie la violence ? Sartre s'oppose à l'économie politique qui analyse les actions en situation de rareté et il récuse Dühring qui fait de la violence une sorte de produit

(18) *Critique de la raison dialectique*, p. 202.
(19) *Id.*, p. 225.
(20) *Id.*, p. 221.

arbitraire du serf arbitre humain. La violence ne naît ni de la nature en tant que telle, ni de l'homme et de ses virtualités cachées. « Elle est l'inhumanité constante des conduites humaines, en tant que rareté intériorisée, bref ce qui fait que chacun voit en chacun l'autre et le principe du Mal (21). » Plus loin Sartre précise qu'elle est négation originelle, négation en l'homme de l'homme par la matière.

Étonnement et perplexité. L'histoire n'est pas, comme nous l'avions cru jusqu'à présent, un processus de totalisation, une synthèse de la liberté et des conditions d'existence. Elle possède un moteur — la rareté — et se développe selon le mode de la violence. Par là s'expliquent les caractéristiques de l'histoire humaine (et non pas de toute histoire possible). Mais comment comprendre cette négation originelle qui fonde l'histoire humaine ? D'impérieuses raisons philosophiques commandent ces analyses. Si on s'arrêtait au simple niveau de la totalisation par la praxis, on ne pourrait expliquer comment l'histoire se transforme en antidialectique où s'aliènent tous les actes, tous les projets de l'homme. On retrouverait un évolutionnisme semblable à celui du XIXe siècle, ponctué par le progrès, les événements positifs et les heureuses transformations technologiques ou scientifiques. Optimisme modéré qui convient plus aux libéraux ou aux défenseurs du système qu'à un révolutionnaire. Cet optimisme, Sartre le récuse parce qu'il est la source des illusions qu'entretiennent dans les masses les classes dirigeantes, en cachant sous le voile du progrès l'exploitation de fait. Cela, Marx l'accepterait. Mais Sartre va plus loin lorsqu'il établit la rareté et la violence au point de départ de l'histoire humaine comme fondement ultime de la lutte des classes qui n'en paraît qu'un aspect limité. Ainsi, il instaure un pessimisme ontologique absolu pour tout ce qui concerne l'évolution historique telle que l'humanité l'a connue jusqu'à présent. Et rien ne prouve qu'on soit encore sorti de la préhistoire et qu'il soit même possible de dépasser cette rareté originaire ou ses formes actuelles et réintériorisées. A la limite la rareté signifie que l'homme est mortel...

Cette négativité se déploie à plusieurs niveaux et elle

(21) *Id.*, p. 221.

aboutit chaque fois au même résultat : transformer le producteur en produit, l'homme libre en esclave aliéné. Quelques analyses éblouissantes, comme celles de la circulation de l'or au XVIᵉ siècle (où Sartre interprète Braudel), ne font que confirmer les idées antérieures. « ... à travers une praxis qui s'efface devant une objectivité inerte et aliénée, [l'homme] découvre son être-dehors-dans-la-chose comme sa réalité fondamentale et sa vérité (22). » Qu'il s'agisse de la matière ouvrée ou de l'être de classe, l'extériorité est la règle. Mais ne tombe-t-on pas sous le coup d'une objection ? Que devient l'affirmation existentialiste que chaque individu « choisit » son rapport au monde, s'il n'y a pas d'autre mode d'existence que l'être-hors-de soi ? Si Sartre nuance des affirmations trop tranchées de *L'Être et le néant* qui pouvaient « faire croire à tort » que la liberté ou l'aliénation viennent d'« un choix prénatal » (23), il reste fidèle à l'idée qu'il n'y a pas d'essence. Mais il montre combien le choix quoique libre est truqué. L'ouvrière qui avorte prend bien une décision libre, mais sa décision est « truquée par la situation objective : elle réalise par elle-même ce qu'elle est déjà ; elle porte contre elle-même la sentence déjà portée qui lui refuse la libre maternité (24) ». Dans le pratico-inerte, la liberté se retourne toujours contre elle ou elle ne fait que redécouvrir l'être de classe, la situation ou le collectif.

Pourquoi parler encore de liberté et ne pas utiliser les termes consacrés de fausse conscience, d'aliénation ou de réification ? Si Sartre, en décrivant cette praxis malheureuse conserve la liberté, c'est d'abord pour s'opposer au marxisme fossilisé qui réduit tout à la nécessité. Et d'ailleurs, il lui faut forger un concept inédit de la nécessité qui étonnera les classiques. Il l'oppose à la contrainte qui serait d'ordre biologique ou physique, alors que la nécessité ne serait à l'œuvre que dans l'histoire. Une nouvelle rupture s'établit encore entre la nature et l'histoire. Cette nécessité se définit comme l'expérience de l'aliénation au niveau de la praxis individuelle, lorsque chacun fait pour lui l'expérience du pratico-inerte. En ne comprenant pas qu'il fallait conserver cette expérience

(22) *Critique de la raison dialectique*, p. 286.
(23) *Id.*, p. 286.
(24) *Id.*, p. 291.

personnelle du pratico-inerte, les marxistes vulgaires ne donnent aucun fondement à l'aliénation. C'est le moment où « l'ouvrier qui veut élever sa norme de travail retrouve cette norme comme exigence générale (25) ». La nécessité devient donc l'intelligibilité d'une praxis qui, dans sa naïveté, se croyait libre et qui s'aperçoit que tout se réduit à l'altérité et à la choséification. « Le règne de la nécessité, c'est ce domaine — réel mais encore abstrait de l'histoire — où la matérialité inorganique se renferme sur la multiplicité humaine et transforme les producteurs en produits (25). »

Trois types de contradictions semblent donc se développer avant qu'on atteigne le sol sur lequel le marxisme a particulièrement réfléchi. Une première contradiction entre l'univers et l'homme se fonde sur la rareté et la violence qui l'accompagne. Au sens sartrien du terme, la rareté signifie que toute société choisit ses morts, et par conséquent, ce premier rapport au monde est encore valable pour l'époque actuelle. Ensuite apparaît le pratico-inerte où toute action se retourne contre elle ou s'éparpille dans la sérialité. Ce pratico-inerte engendre une série de contradictions dont la plus importante se développe entre la praxis et la matière « ouvrée ». « Ce n'est pas une métamorphose de l'individu en chose, comme on pourrait le croire trop souvent, c'est la nécessité qui s'impose au membre d'un groupe social à travers les structures de la société de vivre son appartenance au groupe et, à travers lui, à la société entière comme un statut moléculaire (26). » Enfin, dernier thème, la contradiction nécessité-projet transforme toute action en une réintériorisation d'une structure déjà présente, celle de l'être de classe. Après ces descriptions, que nous n'avons fait que situer de loin, s'ouvre enfin un nouveau domaine où vont s'opérer des retournements importants.

AU SEUIL DE L'HISTOIRE

Imaginons une manifestation interdite où se pressent cependant de nombreux militants et nous avons l'exemple

(25) *Critique de la raison dialectique*, p. 375.
(26) *Id.*, p. 243.

de ce que Sartre privilégie, le groupe en fusion. « C'est la surprise joyeuse que connaissent tous les manifestants convoqués, un jour de démonstration interdite par la police, en voyant déboucher de partout des individus et de petites troupes, plus nombreux qu'on n'avait prévu, et qui représentent pour chacun l'espoir (27). » Pour une fois, et pendant un temps très court, ma praxis individuelle ne sera pas flouée. Tout comme les manifestants qui prirent la Bastille, je participe enfin à autre chose qu'un projet individuel qui m'aliène en me transformant en passivité. Qu'est-ce qu'un groupe ? Non pas cette morne réalité que décrivent les sociologues avec une simple relation binaire entre un individu et une communauté, mais quelque chose de radicalement neuf. Pour Sartre, la constitution d'un groupe exige qu'on dépasse le rapport entre le tout et les parties et qu'on tienne compte de ce qu'il appelle le tiers. Cette fois, on ne s'arrête pas aux relations d'altérité précédemment décrites, mais on atteint à une réciprocité médiée par le groupe. « Le Tiers structurellement est la médiation humaine par laquelle directement la multiplicité des épicentres et des fins (identiques mais séparées) se fait organiser comme déterminée par un objectif synthétique (28). » Enfin l'altérité et les escroqueries qui l'accompagnent est dépassée : chacun, en tant que membre du groupe, totalise les réciprocités d'autrui, est médiation entre soi et les autres. Il s'agit d'une double médiation d'ailleurs, comme Sartre le souligne, c'est-à-dire d'une médiation entre chaque tiers entre le groupe et les autres tiers d'une part, d'une médiation entre les tiers et le groupe. Ainsi naissent des rapports neufs entre des individus qui ne sont plus atomisés, mais qui se totalisent pour tisser une réponse inédite à une situation originale. Quand j'attends patiemment l'autobus et que je subis son retard, je vis dans la sérialité. En revanche, le jour où cette situation devient intenable et que nous nous unissons à plusieurs pour réclamer d'autres bus et d'autres horaires, nous constituons un groupe. La totalisation vient à la fois du dehors par suite des contradictions d'une situation et de l'intérieur comme résul-

---

(27) *Critique de la raison dialectique*, p. 405.
(28) *Id.*, p. 398.

tante d'une activité commune. La multiplicité des intérêts privés est unifiée par les nouvelles médiations qui surgissent. « Je suis ma propre action dans la praxis du groupe en tant que son objectivation m'apparaît comme résultat commun (29). » Ma liberté résulte de mon projet et de l'action commune des autres. Je suis à la fois souverain totalisant et souverain totalisé, criant avec les autres les mots d'ordre de la manifestation que répercutent à l'infini les clameurs de tous les autres.

La perspective d'une compréhension dialectique exige qu'on reprenne, à un autre niveau, le problème de l'intelligibilité. Question décisive théoriquement et polémiquement. Théoriquement parce qu'avec le groupe, l'histoire vivante commence, polémiquement parce qu'il faut répondre aux vieilles querelles de la sociologie vulgaire concernant les rapports de l'« entité » groupe et des individus atomisés qui le composeraient. Ici encore, le groupe en fusion est privilégié en tant qu'il permet de montrer d'une manière exemplaire cette totalisation active. En lui, se réalise une unité à mille centres où chaque réciprocité se retrouve dans le projet de tous et dans l'autonomie de chacun... Le groupe en fusion produit l'ubiquité de toutes les libertés, dans une médiation des médiations où se réalise ce que chacun recherchait implicitement sans pouvoir le réaliser dans sa solitude. L'intelligibilité du groupe s'oppose à celle de la série qui totalisant sur le mode de l'extériorité reste toujours passive, tandis que le groupe en fusion réalise le « miracle » de la liberté. « Le caractère essentiel du groupe en fusion, c'est la brusque résurrection de la liberté (30). » Et pour une fois, sans aliénation. Répercutée par des milliers d'autres libertés, ma liberté trouve sa forme la plus complète. Rare moment, avant la retombée, où le bonheur vient au monde...

Mais on ne prend pas la Bastille tous les jours. Pour survivre, le groupe doit se restructurer, et deux temps caractérisent, selon Sartre, cette restructuration. Le Serment et la Terreur fondent la stabilité, l'organisation répartit les tâches. Peu importe historiquement que le serment ait eu

(29) *Critique de la raison dialectique*, p. 405.
(30) *Id.*, p. 425.

effectivement lieu (comme le serment du jeu de Paume) ou ne soit qu'une règle d'intelligibilité du passage à l'organisation du groupe en fusion. Il joue chez Sartre le rôle qu'avait le contrat social pour Rousseau. Mais il n'aboutit pas à l'établissement d'une souveraineté fondée sur la volonté générale. Il entraîne son contraire, la terreur, tout comme la rareté aboutissait à la violence. Une fois encore, il n'y a pas de salut chez Sartre, seulement des moments privilégiés. Par le serment chacun s'assure contre l'autre, tout en se liant lui-même. « Le serment est réciprocité médié (31) », mais il n'est pas fondement comme le contrat social. Il implique une procédure de passage qu'utilise le groupe en fusion lorsqu'il menace de se dissoudre : « le serment est une invention pratique ». On demande au tiers la garantie pratique qu'il ne se transformera jamais en autre. Cette réciprocité est médiée puisque chacun demande à autrui le même acte par lequel il s'engage à ne pas devenir traître. Tenant lieu d'idée régulatrice, le serment a pour but d'assurer la sécurité du groupe. Tout comme chez Hobbes, il naît de la peur (peur de moi-même, peur du tiers) mais il ne vise pas à aliéner la liberté entre les mains d'un Prince. Il me garantit contre moi-même, c'est-à-dire « qu'il n'a d'autre but que d'installer la Terreur en moi-même comme libre défense contre la peur de l'ennemi (32) ».

Sartre songe ici à deux modèles, dont le premier est évidemment inspiré par la Révolution française (Bastille, Jeu de Paume, Terreur), tandis que le second renvoie à une interprétation de la Révolution soviétique. « L'expérience historique a révélé indéniablement que le premier moment de la société socialiste en construction ne pouvait être — à la considérer sur le plan encore abstrait du pouvoir — que l'indissoluble agrégation de la bureaucratie, de la Terreur et du culte de la personnalité (32). » Quant à l'organisation des tâches, elle se présente sous des formes bien connues qui impliquent le contrôle, la distinction des fonctions, la hiérarchisation, la circularité des responsabilités et de l'exécution. Dans l'organisation du groupe chacun tend à se ménager sa

(31) *Critique de la raison dialectique*, p. 439.
(32) *Id.*, p. 630.

part d'action commune. « Le problème pour un groupe qui s'organise... c'est moins de neutraliser par la violence les réciprocités réactionnelles que de se les réapproprier, de les récupérer dans la perspective de l'objectif consciemment poursuivi (33). »

A ce moment, le lecteur se pose peut-être quelques questions. Le pratico-inerte ne le choquait guère. Depuis plus de vingt ans, le nouveau roman, le cinéma, le théâtre et même son expérience quotidienne lui ont appris les mécanismes d'échec et de retournement de la société contemporaine. La réification fait partie des banalités pour lectrices de « Elle » et « Madame Express » nous a définitivement dégoûtés du « Monde des objets ». Quel que soit le talent de Sartre, le pratico-inerte ne faisait que décrire philosophiquement ce que nous subissons tous les jours (dans la réalité, ou dans les études faussement originales des petits malins de la sociologie « contestataire »...). Pourquoi pas l'indignation de Raymond Aron qui s'étonne qu'on transforme en Apocalypse ce qui n'est que quotidienneté ? (Après tout, je peux bien attendre l'autobus au soleil, y trouver une place, et regarder par-dessus le marché le clocher de saint Germain-des-Prés !) (34). Acceptons pourtant les descriptions « apocalyptiques », ne serait-ce qu'au nom de tous ceux qui font à l'infini le même geste toute leur vie, et tournons-nous vers la partie la plus extraordinaire du travail de Sartre : sa théorie du groupe. On convoque mentalement Hobbes, Locke, Rousseau, Hegel, Marx ou Lénine, et il faut bien l'avouer, les parains ne sont pas au rendez-vous. Tournons-nous vers Fourier, Stirner, Bakounine ou même Rosa Luxembourg, c'est encore le grand vide. Conclusion : innovation — et certains gauchistes américains ou anglais ne s'y sont pas trompés (35). Pourtant les descriptions du groupe laissent un certain malaise, dans la mesure où il existe un chassé-croisé entre les moments chauds et la retombée dans les formes diverses de la réification. Mais c'est ici que se trouve l'analyse inhabituelle. Sartre est un des rares auteurs à ne pas

(33) *Id.*, p. 485.
(34) Raymond Aron, *Histoire et dialectique de la violence*. Paris 1973, p. 41 à 69.
(35) Laing et Cooper, *Raison et violence*. Paris 1972.

fossiliser le groupe, sous une forme ou une autre de charis-matisme ou d'universalité. Ni Église, ni Parti, ni Institution à vocation universelle, le groupe échappe aux classifications sécurisantes ; il peut toujours déchoir (et en fait il déchoit toujours), mais il se recrée immanquablement sous une autre forme lorsque les circonstances l'exigent. Ainsi dépasse-t-on et les robinsonnades sur l'individu isolé et la fermeture sur soi d'un groupe abstrait érigé en seule réalité. « Sans cette limitation rigoureuse et permanente qui renvoie du groupe à ce fondement [l'individu], la communauté n'est pas moins abstraite que l'individu isolé ; il y a des bergeries révolution-naires sur le groupe qui sont l'exact pendant des robinson-nades (36). » Fidèle à ses principes, Sartre ne laisse pas le groupe se dissoudre en structure s'imposant inconsciem-ment à des individus. Si l'ouvrier subit son être-de-classe, la lutte des classes exige en revanche la possibilité constante de dépasser la sérialité.

INSTITUTION, AUTORITÉ, ÉTAT

Avec l'Institution apparaît une nouvelle tentation, puis-qu'avec elle renaît le pratico-inerte et se développe l'autorité. Dans le groupe en fusion « le chef est n'importe qui » (37). C'est un Tiers régulateur qui surgit, s'impose ou disparaît selon les exigences de l'action : agitateur, révélateur plutôt que souverain. Il ne représente pas vraiment le groupe, mais déploie l'ubiquité de tous les tiers médiés par la situation et se médiant eux-mêmes. Quand disparaît ce chef « spontané », l'autorité se développe sur un fond de sérialité qui s'institu-tionnalise. Le nouveau dirigeant que produit à ce moment le groupe en voie d'organisation ne ressemble plus à l'agitateur précédent ; il est à la fois un produit du système sous sa forme inerte et il a pour rôle de créer une unité synthétique d'une praxis réelle. D'où une conséquence importante. Pour Sar-tre, il n'y a pas de problème du fondement de l'autorité et de la souveraineté, parce que le souverain est profondément

(36) *Critique de la raison dialectique*, p. 643.
(37) *Id.*, p. 586.

négation. « Ainsi l'existence d'un souverain se fonde négative-ment sur l'impossibilité... pour chaque tiers de redevenir directement régulateur (38). » Certes, au stade de la fraternité-terreur, il existait déjà des relations d'organisation, mais elles se définissaient par la réciprocité et la reprise collective des décisions et du contrôle. Avec le souverain (quel qu'il soit) on retombe dans d'inextricables contradictions d'où renais-sent inévitablement les rapports figés entre individus et l'aliénation. « Loin que la souveraineté monte du collectif au souverain, c'est par le souverain que la souveraineté (comme commandement, fantôme d'unité, légitimité de la liberté) descend modifier les collectifs sans changer leur structure de passivité (39). » On est donc condamné à obéir. Cette description est l'inverse de celle de Hegel. Au lieu de passer des individus à la société civile, puis de celle-ci au souverain et à l'État (forme suprême de la liberté), on assiste à une impitoyable déchéance du groupe en fusion. Il se structure d'abord sous la forme du serment et de la terreur, puis s'ins-titutionnalise, produit le souverain et croit se légitimer en se proclamant État. Le statut de l'État est assez extraordinaire chez Sartre ; on retrouve des analyses traditionnelles, des formules marxistes et une réflexion critique sur les États socialistes. En soi, l'État se présente comme un groupe dont le rôle n'est ni légitime, ni illégitime. Dans la mesure où il est produit dans un « milieu de foi jurée », il possède une certaine légitimité, mais comme il résulte également de l'impuissance des individus en face des séries, des institu-tions, il apparaît comme illégitime. Dans ce sens, il exprime toutes les passivités, et c'est bien à tort qu'on prétend que la souveraineté populaire peut s'y incarner ; au contraire, elle s'y disperse en altérité. Manipulant les sérialités, en s'appuyant sur leur hétérogénéité, l'État exerce tout naturellement une fonction médiatrice entre les classes, bien que fondamentale-ment il s'appuie sur la classe dirigeante. Il ne peut exercer sa fonction qu'en voilant aux masses sa véritable nature. Mais conséquence inattendue, ces analyses de l'État interdisent qu'on accepte le concept marxiste de « dictature du proléta-

(38) *Critique de la raison dialectique*, p. 591.
(39) *Id.*, p. 609.

riat ». « L'idée même en est absurde comme compromis bâtard entre le groupe actif et souverain et la sérialité passive (40). » Si on considère l'État comme produit de l'altérité et comme résultat de toutes les passivités, il est bien évident que le prolétariat actif qui totalise une situation révolutionnaire ne peut s'ériger en dictature de type étatique, fût-elle prolétarienne. D'ailleurs l'expérience soviétique montre la faiblesse « théorique » de ce concept. Concept hâtivement forgé et trop optimiste, puisqu'il fut un temps où il était trop tôt pour que s'exerçât la dictature du prolétariat et qu'il est maintenant trop tard. Seul le dépérissement de l'État peut être à l'ordre du jour, mais non pas la constitution d'un groupe en hyper-groupe ou en hyper-organisme. Encore « une bergerie révolutionnaire » qu'il faut détruire... Lecteur enlisé, lecteur englué, que restera-t-il de tes illusions ?

Le texte intitulé « De l'expérience dialectique, comme totalisation : le niveau du concret » et qui conclut (provisoirement) le livre comporte une mise en place de tous les grands concepts qui, semble-t-il, transforme un peu les perspectives. En simplifiant beaucoup (mais il le faut), on pourrait dire que le groupe apparaît à la fois comme nécessaire puisqu'il arrache l'homme à une matérialité se retournant contre lui et comme résultat d'une libre praxis. Ceci vaudrait pour le groupe en fusion mais aussi au stade de l'organisation. En ce sens le serment joue un rôle fondamental puisqu'il intériorise en chacun cette volonté de continuer ce qui a été commencé dans l'enthousiasme. Il n'est donc pas étonnant que le groupe implique une double circularité, l'une statique, l'autre dynamique. La circularité statique arrache le groupe au collectif en organisant l'activité commune comme une sorte de machine bien rodée. La circularité dynamique crée les divers processus qui apparaissent à l'intérieur du groupe et qui tendent à le dégrader et à le faire retomber en collectif. Ce double statut théorique du groupe permet de répondre à quelques objections. Pourquoi avoir parlé de la praxis aliénée de l'individu isolé, puis du collectif et enfin du groupe si l'histoire ne connaît finalement que des groupes et jamais de Robinson ? Sartre répond qu'il a décrit jusqu'à présent les

(40) *Critique de la raison dialectique*, p. 630.

conditions formelles de toute réflexion sur l'histoire, mais qu'il n'a jamais voulu se demander comment cela s'est passé pratiquement ; c'est aux historiens qu'il appartient de décrire les processus concrets. Cependant le détour par l'individu isolé restait nécessaire à la démonstration et ceci pour deux raisons. Il fallait d'abord montrer que l'enfer du quotidien fondé sur la rareté et la violence exigeait que l'on sorte de la sérialité pour passer à l'action commune. Il n'y a pas d'histoire sans prise de conscience de cette nécessité d'agir et de ne plus être passif. Ensuite, il fallait établir que la praxis individuelle est la dialectique constituante, tandis que le groupe en tant que tel se définit comme dialectique constituée. Ces deux dialectiques sont intelligibles parce que l'action joue le rôle de moteur et aussi d'unification. Dès lors l'histoire suppose le double mouvement de la pétrification et de l'intégration.

Par là Sartre pouvait définir des principes lui permettant d'éviter le schématisme de l'économisme en ce qui concerne la lutte des classes. Toute situation de classe (et singulièrement celle de la classe ouvrière) est vécue selon trois modes qu'on ne peut séparer qu'abstraitement : 1) le groupe institutionnalisé (exemple, le syndicat, l'organisation interne, etc.); 2) la réalité inerte de la situation vécue comme passivité, obéissance, désespoir ou désintérêt ; 3) enfin le groupe en fusion (grève, révolution, manifestation...). La déviation économiste du marxisme oublie justement ce rôle de la praxis, comme lutte et comme projet. « Le projet organisateur dépassant les conditions matérielles vers une fin et s'inscrivant par le travail dans la matière organique comme remaniement du champ pratique et réunifiant des moyens en vue d'atteindre une fin (41). » La lutte des classes n'est pas alors le résultat mécanique d'une situation, comme le croient les économistes, ni le produit d'une pure praxis abstraite, comme pourrait l'imaginer un hégélien, mais un remaniement constant entre le champ qu'ouvre la praxis et les conditions matérielles.

L'erreur fondamentale des critiques de Sartre naît de ce qu'ils n'ont pas voulu comprendre sa théorie de la praxis.

(41) *Critique de la raison dialectique*, p. 687.

Ils en sont restés à une praxis apparaissant à la fois comme processus et comme lutte, en oubliant que la praxis n'est pas seulement réciprocité, mais une médiation par le tiers et par le groupe. « La réciprocité de la praxis est à double ou à multiple épicentre (42). » Concrètement, cette souplesse permet de rendre compte de la pluralité et de la complexité des événements historiques. Et Sartre analyse avec son brio habituel le malthusianisme ou l'humanisme bourgeois en quelques pages étincelantes. En se déployant comme fuite latérale d'un côté, comme projet de l'autre, la praxis transforme le champ où elle s'inscrit selon des contre-finalités, des circularités qui s'entre-croisent et se déplacent de manière plus complexe que ne le soupçonne la métaphore commode du moteur ou du « fil rouge ». L'histoire est donc compréhensible à condition qu'on tienne compte de toutes ces analyses où petit à petit se décentrent et se recentrent divers réseaux de médiations. « Notre histoire nous est intelligible parce qu'elle est dialectique et elle est dialectique parce que la lutte des classes nous produit comme dépassant l'inerte du collectif vers des groupes de combat (43). » Malgré le poids du pratico-inerte ou de la sérialité, le combat l'emporte comme moment fort du développement historique. Mais ces questions restent — on le sait — préparatoires et ne débouchent pas encore sur une véritable théorie de l'histoire. Il conviendrait de se demander si les totalisations partielles étudiées d'une manière synchronique jusqu'à présent peuvent être repensées dans la diachronie des événements et dans une « totalisation sans totaliseur ». Un autre livre tentera cette approche...

Nous avons volontairement suivi d'assez près la démonstration de Sartre, tout en étant obligé de simplifier beaucoup. Ce procédé s'imposait pour plusieurs raisons. D'abord, il nous semble que le livre a été mal lu en France. Si tout étudiant connaît *Questions de méthode*, si tout lecteur cultivé a entendu parler de la problématique de la totalisation, nous avons l'impression que la longueur du livre, sa difficulté, ses développements parfois touffus ont effrayé les critiques. En

(42) *Id.*, p. 688.
(43) *Id.*, p. 744.

outre la mode structuraliste a emporté pour quelques années ce genre de réflexion. Pendant toute une période Sartre fut l'objet d'une véritable conspiration du silence de la part des revues dans le vent ou de critiques plus ou moins malveillantes. Il a fallu attendre 1973 et le livre de Raymond Aron, *Histoire et dialectique de la violence*, pour qu'une étude sérieuse (quoique très critique) soit enfin consacrée à cette œuvre. Tout se passait comme si cette tentative extraordinaire de reconstruction des grands concepts de la philosophie politique paraissait trop ambitieuse ou condamnée aux robinsonnades. Ce qu'on accordait à Aristote ou à Hegel, on le refusait à Sartre au nom de la « science », véritable escroquerie qui a servi pendant toute une période à faire prendre des vessies pour des lanternes, c'est-à-dire à transformer en vérités « scientifiques » ce qui n'était que variations brillantes. Épistémologie du pauvre qui eut son heure de gloire.

Nous ne songeons pas, bien entendu, à défendre inconditionnellement la *Critique de la raison dialectique*. Cependant il serait trop facile de voir dans ce livre un simple effet de l'inépuisable génie constructif du personnage Sartre, une sorte de roman métaphysico-marxiste où se mêleraient pêle-mêle des thèmes de l'*Être et le Néant* et des préoccupations théoriques de l'homme engagé en proie aux problèmes du communisme actuel, de la révolution ou de l'injustice générale du système capitaliste. Quand un théoricien de cette vigueur écrit un tel ouvrage, il est clair que les recherches dans le champ socio-historique en sont affectées, même si la prise de conscience des remaniements (ou des critiques) n'est pas encore passée réellement dans les mœurs. Pour notre part, nous retiendrons trois points.

1) Une théorie de la praxis qui est enfin autre chose qu'une pieuse solution arbitraire aux rapports entre l'être et le connaître, la nécessité et la liberté. Les fulgurations des *Thèses sur Feuerbach* ne constituent pas une élaboration complète. En revanche les analyses sartriennes du groupe et du tiers fondent d'une manière inédite les rapports entre l'individu, autrui et ce qui résulte de l'action collective. En considérant le tiers sous la forme d'une double médiation, on dépasse le schéma binaire dans lequel on restait enfermé auparavant. Par cette double médiation, les individus sortent

de leur altérité d'abord, puis sont de nouveaux médiés par la situation que crée l'urgence de l'action. Alors surgit quelque chose d'inédit qui est le résultat des synthèses passives qu'exige la nécessité et des synthèses actives qui s'effectuent dans le double rapport à autrui et à la situation en mouvement. La situation devient médiatrice parce que chacun la médie et la vit à travers l'autre, son propre projet et le projet commun. Ici on dépasse Hegel, qui bien qu'il ait mis entre le maître et l'esclave le dur travail du négatif n'avait jamais réussi à concevoir la praxis autrement que comme éducatrice de la conscience et transformation du champ des objets. Il n'y avait pas de théorie du tiers. L'histoire ne se réduit pas à chercher des « moteurs », mais à découvrir la dynamique propre à chaque groupe ou sous-groupe dans sa configuration particulière.

2) Si la réintroduction des concepts-clé de la philosophie politique peut parfois paraître arbitraire à première lecture, elle s'éclaircit quand on réfléchit au double sens du serment et de la terreur (étant bien entendu qu'il ne s'agit pas de faits « historiquement » datés, mais d'un double processus d'intégration et d'exclusion) : précaution contre soi et acceptation de l'ordre ainsi figé par l'intériorisation du double mouvement d'unification et de fuite latérale. Quant à la terreur, elle n'est rien d'autre que la nécessité pour tout groupe de s'organiser pour survivre ; une fois institutionnalisée, elle se transforme en auto-censure, en violence différée, en jouissance réfrénée au nom de la loi et de l'ordre. Très étonnant est le silence de Sartre sur les idées les plus classiques de la tradition rousseauiste. Pour lui, la volonté générale ne saurait constituer le pacte social, parce que l'idée même en est absurde, dans la mesure où elle aboutit à fonder le pouvoir, donc à légitimer sous une forme ou sous une autre l'oppression. Toute philosophie politique (de Hobbes à Rousseau) s'inscrit dans une mystification qu'elle cache soigneusement : l'idée qu'il est possible de fonder « justement » le pouvoir est par là l'État. Ni légitime, ni illégitime, l'État reste pour Sartre un groupe institutionnalisé bâtard, qui tout en servant les intérêts de la classe dominante poursuit son propre objectif, en s'appuyant sur les impuissances conjuguées de tous les autres groupes.

3) La double dialectique, dispersion/regroupement, pratico-inerte/groupe en fusion aboutit malgré tout à un pessimisme fondamental (différent du pessimisme cosmique de Lévi-Strauss). Jusqu'à présent, il n'a jamais existé de situations où l'homme ne soit finalement floué, même si les praxis totalisantes reprennent, dans un autre contexte, le projet qui a échoué. Sartre ne croit ni au progrès, ni semble-t-il à la fin d'une pré-histoire qui permettrait d'envisager un avenir radieux. Jugeant sévèrement son temps, sans illusion sur le socialisme tel qu'il est pratiqué à l'Est, il refuse jusqu'à la dictature du prolétariat. Notion contradictoire, puisqu'un groupe ne peut à la fois être en fusion et garantir l'ordre. Si Sartre reste du côté de la classe ouvrière, c'est parce que la violence qu'elle subit caractérise notre époque, tout comme l'oppression du Tiers-Monde.

Avec la *Critique de la raison dialectique*, nous nous trouvons devant la plus grande construction théorique de notre temps. Qu'elle gêne ou fasse sourire, c'est normal. Que les problèmes qu'elle pose puissent être esquivés, j'en doute. Pour les Talmudistes de chaque Sainte Famille, Sartre n'est pas marxiste. On s'en douterait... Plus libre que Lukàcs ou Gramsci, il reprend cette critique de l'économisme qu'avait enterrée le Stalinisme. Politisé, mais refusant de s'auto-censurer au nom des impératifs de la lutte, il récuse tous ceux qui s'arrêtant à des textes fossilisés oublient tout simplement de proposer des explications valables pour aujourd'hui.

6   LES PHILOSOPHIES CRITIQUES
DE L'HISTOIRE

> « L'homme construit une histoire parce
> qu'il est un être historique. »

Popularisées en France par l'œuvre de Raymond Aron
et par tout un courant qui s'affirme résolument anti-marxiste,
tant par sa problématique que par ses tentatives de systématisation, les philosophies critiques de l'histoire ne se peuvent
réduire à un seul mouvement de pensée, ni à une seule orien-
tation. Nées en Allemagne avec Dilthey (1833-1911), déve-
loppées avec Rickert, Simmel, elles tournent, pour nous,
autour d'un grand nom, Max Weber (1864-1920). L'idée
fondamentale paraît aujourd'hui banale : « on explique la
nature et on comprend l'homme », tellement banale qu'on
oublie ce qu'elle signifiait à la fin du XIXᵉ siècle lorsqu'il
s'agissait de distinguer les méthodes des sciences de l'homme
(*Geistwissenchaften*) de celles des sciences de la nature. Ce
fut le problème de toute une époque : qu'on se souvienne de
Bergson et des *Données immédiates de la conscience*. Contre le
positivisme régnant, un certain nombre de penseurs cher-
chent la spécificité du fait humain et Dilthey, bien oublié
aujourd'hui, affirmait : « la pensée ne peut remonter plus loin
que la vie ». S'opposant à Auguste Comte, auquel ils repro-
chent non pas tant la loi des trois États que ses tentatives de
synthèse et d'englobement des connaissances humaines à
l'intérieur de la hiérarchie du système, ces philosophes élaborent une méthode fondée sur la compréhension. De cette

entreprise, il reste, à notre avis, une question toujours valable et qu'on ne cesse de poser. De quel lieu parle l'historien ? Qu'est-ce qui justifie son travail et les conditions de sa recherche ?

LE PROJET D'UNE ANTHROPOLOGIE GLOBALE

Que la raison historique fonctionne autrement que la raison physique ou mathématique, cela était reconnu depuis longtemps et Hegel y avait longuement insisté lorsqu'il avait développé l'opposition des catégories scientifiques et historiques : répétition/nouveauté, constances/différences, prévisibilité/ imprévisibilité. En simplifiant beaucoup, on pouvait affirmer que la science travaille selon la catégorie du même, l'histoire selon celle de la différence. Mais Hegel avait refusé la question kantienne portant sur les conditions de toute connaissance, parce que pour lui, le savoir se prouvait de lui-même à travers l'effort d'intégration progressif des résultats et du devenir même.

Contemporains du retour à Kant, les nouveaux philosophes de l'histoire ne pensent pas qu'on puisse faire l'économie d'une réflexion méthodologique sur les conditions mêmes de la connaissance historique. Il ne suffisait pas de se situer dans le devenir et d'y voir surgir les étapes du développement de la conscience. Il fallait encore se demander de quel lieu théorique ce passé irrémédiablement mort pouvait s'actualiser dans une pensée contemporaine et reprendre vie. Aux positivistes, il était facile d'objecter qu'on ne photographie pas les documents « objectivement », mais qu'on les interprète dès lors qu'on choisit d'organiser et de reconstruire les liasses immenses laissées dans les archives. Contre les tentations d'une objectivité naïve et non contrôlée, il fallait rappeler que l'histoire ne reproduit pas simplement le passé, mais que celui-ci est objet d'intérêt dans la mesure où il revit, c'est-à-dire est ressaisi par une conscience qui lui prête un sens.

En se donnant à travers le travail créateur de l'interprète, l'histoire apparaît comme le résultat d'une construction où la sélection des documents n'est pas « innocente ». Aussi convient-il de démystifier les sacro-saints principes du positivisme qui dominaient alors en Europe, tout en échappant au subjectivisme. D'où cette nécessité d'une critique de la raison historique qui rende compte à la fois des méthodes rigoureuses du travail technique de l'historien et des limites de la connaissance propre à ce domaine particulier. On ne s'étonnera pas, dans ces conditions, de voir Dilthey s'intéresser à Schleiermacher et aux problèmes de l'herméneutique. Toute réflexion sur la pluralité des interprétations renvoie nécessairement à cet effort millénaire de la philosophie et en particulier de la philosophie religieuse pour distinguer les types d'interprétations, les hiérarchiser et élaborer des théories de leur type de cohérence et de correspondance. Trop subtiles pour croire que le sens se donne d'une manière univoque, ces philosophies vont hésiter entre le foisonnement de la diversité des formes et la typologie qui permet de retrouver un ordre ou du moins d'établir des comparaisons. Mais le but reste le même : établir les bases d'une anthropologie à partir d'une réflexion sur l'histoire.

La discussion porte d'abord sur le mode d'accès au passé, et sur ce point les avis divergent considérablement. Entre Dilthey et Max Weber, il y a plus que des nuances, parce que le terme « compréhension » ne renvoie pas aux mêmes préoccupations. Et il faut commencer par Dilthey parce qu'il y a chez lui, comme l'écrit Raymond Aron, « l'esquisse de toutes les philosophies que nous aurons à traverser : critique de la connaissance historique, relativisme de cette connaissance, caractère historique de toutes les valeurs, absolu du devenir, relativisme de la vérité, et finalement, à l'origine et au terme, philosophie de l'homme en tant qu'être historique (1) ». Par compréhension, Dilthey n'entend pas une sympathie de type bergsonien qui ferait coïncider intuitivement avec ce qu'un phénomène a d'unique et d'intransmissible. Il s'agirait plutôt d'une fonction générale de la « vie » qui nous permet « psychiquement » de saisir « tout processus par lequel on s'efforce d'acquérir un savoir (2) ». Texte peu clair (il est vrai qu'il fait partie des manuscrits

(1) R. Aron, *La philosophie critique de l'histoire*, 1re éd. 1934. 2e éd. 1969, p. 25.
(2) *Le Monde de l'Esprit*, trad. M. Rémy, 1947, p. 319.

inédits) et que précisent difficilement les analyses suivantes. Dilthey réduisait la compréhension à six propositions. « Nous appelons compréhension le processus par lequel des manifestations sensibles données nous révèlent la vie psychique même », ou comme il est précisé ailleurs : « le processus par lequel nous connaissons un intérieur à l'aide de signes perçus de l'extérieur par nos sens (3) ». Ainsi donc, la compréhension suppose un lien entre l'extérieur et l'intérieur, c'est le signe sensible. Deuxième idée, il y a des degrés dans la compréhension et des caractères communs, qui permettent un certain accord entre les hommes. Enfin, troisième thème, toute compréhension s'appuie sur une interprétation, et c'est ici que commencent les problèmes, parce que l'herméneutique doit permettre de constituer rigoureusement les sciences morales et parmi elles l'histoire.

La compréhension débouche alors sur une théorie de la connaissance, sur une logique et une méthodologie. Ce qui, du point de vue de la théorie de la connaissance, permet de fonder la validité de la compréhension, c'est finalement l'existence d'une nature humaine. « On trouve les mêmes fonctions et les mêmes éléments constitutifs chez tous les hommes ; leur importance seule est différente (4). » Enfin, à partir de l'expérience, nous pouvons passer à une connaissance générale, parce que notre âme possède une structure. En s'opposant aux simplifications de la psychologie positiviste qui reconstruit tout à partir d'éléments simples, Dilthey entend montrer que tout ce qui touche à l'esprit fonctionne comme un ensemble (*Zusammenhang*) et que cet ensemble est la vie (et non seulement la conscience comme l'affirmaient les néo-kantiens que n'aimait guère notre philosophe). Le second fondement de la compréhension conduit au problème logique. Dans les sciences de la nature et dans les sciences morales, les mêmes principes jouent, mais « la base en question n'est pas une abstraction logique, mais un ensemble réel donné par la vie (5) ». Bien qu'employant les mêmes principes logiques que le savant, l'herméneute conserve cette marge de liberté qui résulte de sa faculté créatrice

(4) Dilthey, *Le monde de l'esprit*, p. 320.
(3) *Id.*, p. 321.
(5) *Id.*, p. 321.

et de son approfondissement « enthousiaste ». Enfin, la méthodologie est considérée comme l'étude des règles qui permettent d'accéder à l'universalité et qui doivent être « complétées par l'exposé des méthodes créatrices des exégètes de génie qu'on rencontre dans les différents domaines ». En définitive, le génie créateur et les techniques classiques de comparaison, d'opposition, de différenciation coopèrent pour créer cette épistémologie qui se voudrait consciente de ses méthodes et de sa spécificité.

Nous n'entrerons pas ici dans les querelles de spécialistes (6), mais il semble bien qu'ils aient tous été frappés par l'ambiguïté de la notion de compréhension. Certes Dilthey s'est toujours défendu de réduire sa philosophie de la vie à un vague psychologisme ou à une introspection sombrant dans l'indicible. Mais en lui se heurtent la diversité de ses intérêts, sa culture esthétique et les difficultés de toute herméneutique, surtout lorsqu'elle se veut libérée de toute garantie ontologique ou religieuse. Pour éviter le scepticisme et le relativisme qui le guettaient, Dilthey a dû tenter de fonder une anthropologie générale, c'est-à-dire une théorie des systèmes, des relations et des rapports des diverses formes d'activité humaine.

C'est dans la dernière partie de sa vie que le philosophe, soucieux de dépasser le conflit des interprétations, s'attache à cette théorie de la science. Des fragments écrits entre 1907 et 1910, nous retiendrons surtout celui-ci : *Der Aufbau der historischen Welt in den Geisteswissenchaften*, où le privilège de l'histoire est dégagé. En elle, la vie se déploie d'une manière particulière puisqu'elle se retourne sur elle-même dans la prise de conscience d'une réactualisation du passé. Par delà l'expérience vécue de chacun, l'histoire dévoile ce qui, entre Dieu et la nature, est proprement humain. Centre de force, foyer d'énergie, l'histoire intègre à tous les niveaux des ensembles dynamiques qui sans elle resteraient isolés : individus, sociétés, civilisations, événements...

(6) Angèle Kremer-Marietti, *Dilthey*, 1971, p. 70 sq., récuse l'interprétation de Tuttle, *Wilhem Dilthey's Philosophy of Understanding. A critical analysis*, Leiden, 1969. Elle lui reproche d'avoir réduit la philosophie de Dilthey à un pur psychologisme et à l'introspection. Elle ne semble pas d'accord, non plus, avec Raymond Aron qui avait souligné les difficultés de la compréhension.

Le concept de *Wirkungszusammenhang*, traduit approximativement par « ensemble dynamique », explicite les liaisons multiples propres à l'histoire en tant qu'elles diffèrent de la causalité physique dès lors qu'elles s'expriment en terme de vie et de finalité. C'est par un retour au passé et à un passé purifié et repensé par la méthode herméneutique que se manifeste l'intelligibilité du devenir. Il y a donc un primat de la compréhension rétrospective qui, par delà la variété des situations et des événements, fait émerger la signification. Celle-ci n'est pas une création de l'esprit, ni même une reconstruction ; elle exprime des valeurs qui dans leur constance ont été sélectionnées par la vie et lui sont immanentes.

Comment passer alors de l'idée de valeur immanente à la possibilité de fonder une science de l'esprit qui découvrirait un « ensemble universel » ? Dilthey cherche à échapper au dogmatisme ou au relativisme qui fixent une fois pour toute un sens au développement historique. Se souvenant de Hegel (dont il occupe d'ailleurs la chaire), il parcourt à rebours un itinéraire qui, malgré de grandes divergences, retrouve parfois d'étrange similitudes. A la raison, il substitue les valeurs et les significations. L'histoire n'est que la reprise par chaque époque des valeurs et des significations qui sont ressenties comme vivantes. Il postule — et ceci serait très hégélien — qu'il existe un système universel de valeurs qui, théoriquement, pourrait être ressaisi dans sa totalité. Mais à la fin de l'histoire, il substitue un dynamisme ouvert où l'humanité se crée en prenant conscience d'elle-même. L'homme construit une histoire parce qu'il est un être historique — banalité —, mais il réalise dans et par l'histoire les virtualités que la limitation de la vie quotidienne et du psychisme individuel ne lui permettent pas d'accomplir. L'histoire devient en quelque sorte un ensemble limite, jamais clos, par rapport auquel se constituent des régularités et des significations qui atteignent l'universel. « Le monde historique en tant que totalité, ce tout en tant qu'ensemble dynamique, cet ensemble dynamique en tant que donateur de valeurs, ordonnateur de fins, bref : opérant ; ensuite la compréhension de ce tout à partir de lui-même, enfin le concentrement des valeurs et des fins dans des siècles, des époques, dans l'histoire universelle — tels sont les points de vue sous lesquels doit être pensé l'ensemble téléologique des sciences humaines (7). » La compréhension — finalement très proche de l'analyse philosophique traditionnelle — permet de dégager des ensembles significatifs d'où émergent des valeurs. Dilthey navigue entre deux écueils : l'un tient à la nature de la compréhension qui risque de dégénérer en sympathie individuelle ou en intuition sans fondement. L'autre tient au désir de l'auteur de constituer une anthropologie historique, c'est-à-dire une théorie générale des conceptions du monde, de leurs articulations, de leurs variations et de leurs différences. D'où la difficulté que Raymond Aron a bien soulignée : « Comment arrive-t-il à surmonter le relativisme ou du moins à l'intégrer à une vérité universelle (8)? » Dans ses approximations, ses incessantes retouches, son inachèvement, la pensée de Dilthey possède surtout une valeur d'indice. Nul plus que lui ne fut sensible aux faiblesses du positivisme, mais son retour à la vie, son sentiment que l'histoire fonde les sciences de l'esprit, s'est heurté à l'impossibilité de mettre en œuvre une méthode assez rigoureuse pour dépasser les apories de l'herméneutique.

MAX WEBER ET LA THÉORIE DES TYPES

Nous ne parlerons pas de Rickert ou de Simmel, assez dépassés aujourd'hui, mais nous nous intéresserons à Max Weber dont l'influence reste considérable tant par sa rigueur méthodologique que par certains de ses essais historiques comme *La naissance du capitalisme et l'esprit du protestantisme* (1904). Ouvrage toujours critiqué, mais encore considéré comme ayant marqué une date... Esprit universel, Max Weber occupa successivement des chaires de droit, d'économie politique et de sociologie. De cette diversité d'intérêts naissait l'exigence de poser les problèmes méthodologiques des sciences de l'homme. En outre Weber ne fut pas seulement un savant, mais un homme engagé politiquement

---

(7) Cité par A. Kremer-Marietti, *op. cit.*, p. 87.
(8) R. Aron, *op. cit.*, p. 105.

(Ligue pangermanique, Mouvement évangélique et enfin négociateur au Traité de Versailles). Très vite, il se sépara de certains de ses amis et en particulier de la Ligue évangélique animée par le pasteur Nauman auquel il reprochait de confondre les bons sentiments et les réalités politiques. Celles-ci reposent sur des luttes impitoyables et éternelles entre les hommes, les intérêts et les nations. Il ne craint pas les affirmations brutales et ce qu'on taxerait aujourd'hui de nationalisme. « La politique économique d'un État allemand, de même que l'étalon de valeur du théoricien allemand de l'économie politique ne peuvent être qu'allemands (9). » Distinguant l'éthique de la conviction de l'éthique de la responsabilité, il était amené à opposer deux types d'hommes. Le savant est au service de la vérité, le politique, au lieu de faire la belle âme, prend ses responsabilités dans un monde de luttes et de contradictions. « La politique consiste en un effort tenace et énergique pour tarauder des planches de bois dur. Cet effort exige à la fois de la passion et du coup d'œil. Il est parfaitement exact de dire, et toute l'expérience historique le confirme, que l'on n'aurait jamais pu atteindre le possible si dans le monde on ne s'était pas sans cesse et toujours attaqué à l'impossible. Mais l'homme qui est capable de faire un pareil effort doit être un chef, et non pas seulement un chef, mais encore un héros dans le sens le plus simple du mot (10). » Paroles que Machiavel n'aurait pas récusées : même sens du réel, même conception de la dignité du chef, qui sait vaincre en lui les bons sentiments, pour réaliser, à travers la violence, le salut de la cité. Ces positions entraînaient Max Weber à une analyse critique des mouvements de son temps. Aux socialistes et à la classe ouvrière, il reprochait de se disperser dans la lutte économique et de n'avoir que des chefs petits-bourgeois. Les Junkers sont dépassés par l'évolution du monde, quant à la bourgeoisie, elle manque d'intelligence et de sens politique. Vision pessimiste du présent que n'adoucit guère la réflexion sur le passé.

(9) Max Weber, *Essai sur la théorie de la science*, trad. française de Julien Freund, Paris 1965. Texte cité dans l'introduction de J. Freund, p. 20.
(10) M. Weber, *Le savant et le politique*, trad. franç., p. 185.

Deux préoccupations dominent les recherches de Max Weber. Il veut d'abord montrer que la reconstruction du passé n'est pas objective et qu'elle correspond au choix de l'historien. Mais en même temps ce choix n'est pas arbitraire, parce qu'il suppose une élaboration théorique qui ne ressemble en rien à la reproduction dans l'esprit des données de la perception ou de l'expérience. La notion d'Idéal-type permet de préciser la méthodologie de Weber. Nous nous appuierons sur un texte de 1904, « L'objectivité de la connaissance dans les sciences et dans la politique sociale », pour dégager le sens de l'Idéal-type. Comment pouvons-nous, par delà la diversité de l'événement, construire des concepts qui permettent de penser un certain nombre de constantes, comme par exemple l'« économie urbaine », la notion de « secte » ou celle de « capitalisme ». Problèmes que nous connaissons depuis longtemps et qui, de ce point de vue, rapprochent Max Weber de Marx. Pourtant celui-ci est sévère : « Certes, la soi-disant conception matérialiste de l'histoire considérée comme une « conception du monde », comme le dénominateur commun de l'explication causale de la réalité historique, doit être rejetée de la façon la plus catégorique (11). » Donc les explications économiques, tout comme la métaphysique, doivent être récusées. Alors se repose notre question : comment concevoir le travail de l'historien ou du sociologue ?

Il convient d'abord de prendre conscience de la limite absolue de toute recherche dans ce domaine. « Il n'y a pas d'analyse objective de la vie culturelle (12). » Solidaire du travail du savant, la pluralité des interprétations signifie que la réalité est inépuisable et qu'on ne peut dégager des faits une causalité univoque, un moteur de l'histoire, un primat de quelque catégorie que ce soit. Pourtant l'historien pour interroger le réel doit construire ses concepts. Et il ne peut utiliser le vieux principe *per genus proximum et differentiam specificam*. Quel serait le genre prochain ou la différence spécifique du concept d'Église ou de capitalisme ? Reste alors l'hypothèse de l'Idéal-type (*Idealtypus*) qui apparaît d'abord comme un tableau de pensée organisant et réunis-

(11) Max Weber, *Essais sur la théorie de la science*, p. 147.
(12) *Id.*, p. 152.

sant les diverses relations d'une manière cohérente. Cette image de pensée, ce tableau est utilisé comme un concept limite (*Grenz-Begriff*) purement idéal, ce qui signifie qu'il ne photographie pas la réalité historique toujours mouvante ni qu'il atteint une réalité authentique. Puisqu'il ne décalque pas le réel, l'Idéal-type possède le caractère d'une utopie, c'est-à-dire qu'il n'a aucune réalité empirique et se trouve « nulle part ». « On ne trouvera nulle part empiriquement un pareil tableau dans sa pureté conceptuelle : il est donc une utopie (13). » Son rôle ? Aider théoriquement l'historien dans son travail de recherche : « Il n'est pas lui-même une hypothèse, mais il cherche à guider l'élaboration des hypothèses. » Et enfin, voici la définition générale de l'Idéal-type : « On obtient une Idéal-type en accentuant unilatéralement un ou plusieurs points de vue et en enchaînant une multitude de phénomènes donnés isolément, diffus et discrets, que l'on trouve tantôt en grand nombre, tantôt en petit nombre et par endroits pas du tout, qu'on ordonne selon les précédents points de vue choisis unilatéralement, pour former un tableau de pensée homogène (14). Comme dit Max Weber avec un humour, sans doute involontaire, appliquée avec prudence, cette utopie rend des services dans la recherche de la clarté ! Soyons sérieux. A ce stade de l'exposé, nous n'avons pas l'impression que l'Idéal-type diffère beaucoup du travail d'abstraction effectué par n'importe quel savant lorsqu'il essaie de rendre compte des caractéristiques diverses et cependant complémentaires d'un objet qu'il étudie. Quelle différence par exemple entre l'Idéal-type et les analyses différentielles des civilisations faites par Hegel ? Qu'est-ce qui nous garantit la rigueur de cette généralisation ? Et remarque plus générale (et impertinente), qu'apportent toutes ces analyses soi-disant méthodologiques que nous avons rencontrées tout au long de ce travail par rapport aux exposés lumineux et autrement efficaces d'un Aristote ? Tout se passe comme si toutes ces réflexions sur l'histoire avaient buté sur la méthodologie sans arriver à en sortir. On se demande finalement si la garantie d'un grand

(13) *Essais sur la théorie de la science,* p. 181.
(14) *Id.,* p. 181.

système (avec ses défauts et ses qualités) n'est pas préférable : une analyse abstraite se juge par ses résultats et c'est finalement ce qu'avait très bien compris Weber.

S'il n'existe pas d'autre critère que l'efficacité, la valeur d'un Idéal-type se juge aux résultats nouveaux qu'il permettra de mettre en évidence. Sans doute convient-il d'éviter des erreurs naïves, comme par exemple de confondre les idées et l'Idéal-type. L'idée prise au sens d'une tendance qui gouverne l'idéologie d'une époque peut servir à construire l'Idéal-type, mais doit en être distinguée. L'idée agit empiriquement, prend des formes diverses selon les individus ou les situations, tandis que l'Idéal-type se présente comme une sorte de matrice dégagée conceptuellement. Par exemple l'Idéal-type de « christianisme médiéval » met à jour un certain nombre de relations, d'articles de foi, de règles de conduite, de rapports juridiques qui sont construits pour rendre compte, par delà les événements, d'un ensemble de caractéristiques qui ne se retrouvent que partiellement dans tel ou tel aspect de la réalité empirique. Se trouvant à la fois au début et à la fin de la recherche, l'Idéal-type se transforme, varie selon l'approfondissement et les nouveaux aperçus que fournissent une documentation plus précise ou une connaissance plus serrée. Mais il échappe à l'arbitraire dans la mesure où le savant contrôle ses sources et ses propres préjugés. Sa rigueur logique, sa cohésion interne en font un instrument de travail qui diffère du produit de la fantaisie ou de l'imagination. Enfin l'Idéal-type n'est pas identique à la genèse puisqu'il vise à dégager l'essence des phénomènes tandis que la genèse montre le déroulement d'une série événementielle. Thèmes trop connus depuis Hegel, Marx et les contemporains pour que nous y insistions... D'ailleurs Weber signale que le Marxisme est la plus importante parmi les constructions d'Idéal-type. Ce qui signifie une fois encore le primat des problèmes méthodologiques.

L'avouerons-nous ? Cette description de l'Idéal-type nous laisse sur notre faim, et malgré les préoccupations infinies de Weber pour montrer que l'Idéal-type n'est pas arbitraire, nous avons tout de même l'impression qu'en lui ne peuvent se focaliser que les qualités d'abstraction et d'invention du chercheur. Pourtant l'auteur pense que sa méthode se distingue des autres formes de rationalisation élaborées par d'autres théoriciens de l'histoire. Fidèle à Kant, il reprend l'idée selon laquelle « les concepts sont et ne sauraient être que des moyens intellectuels en vue d'aider l'esprit à se rendre maître du donné empirique (15) ». Ceci l'oppose à l'école historiciste qui considère qu'à force d'affiner les concepts on obtiendra une connaissance plus fine du passé. Pour Weber, « le contenu des concepts est nécessairement variable » et le rôle du théoricien consiste à prendre conscience des limites de leur validité. Sa réflexion n'aboutit pas à constituer une science ou à découvrir des lois de l'histoire, mais seulement à situer l'horizon dans lequel se meut le champ de la recherche. Perspective prudente et qui reste avant tout critique. Pourtant Weber, historien, économiste ou sociologue, développe un point de vue sensiblement différent lorsqu'il réfléchit sur une civilisation ou une époque. Sa méthodologie débouche sur une conception de l'action et de la vie qui l'amène à développer des thèses originales.

Nous prendrons pour exemple l'étude célèbre, *L'éthique protestante et l'esprit du capitalisme*. Le problème est apparemment simple : comment appliquer la théorie des types dans le cas précis du capitalisme? Il faut définir le capitalisme puis se demander quel fut l'élément décisif qui permit son développement. Le capitalisme se caractérise d'abord par un désir de gagner plus d'argent et aussi par une activité économique fondée sur le principe du maximum de profit. Quelques distinctions s'imposent. Dans toutes les civilisations, il a existé un *appetitus divitiarum* et on peut en décrire les formes propres à la Grèce, à l'Inde, à l'Islam, etc. Cependant cet *appetitus divitiarum* ne touchait que des individus ou tout au plus quelques groupes particuliers. En revanche, en Occident à partir du XVIe siècle, s'est créée une organisation systématique et rationalisée pour faire du profit la loi de la société tout entière. Si l'on veut déterminer le type idéal qui correspond au capitalisme moderne, on trouve, selon Weber, trois traits distinctifs. D'abord une rationalisation du travail ; des techniques comptables nouvelles,

(15) *Essais sur la théorie de la science*, p. 205.

enfin une idéologie qui transforme l'attitude des hommes vis-à-vis du travail et du profit. Le troisième trait est décisif. Il s'agit de l'idéologie issue du calvinisme qui modifie l'attitude des hommes vis-à-vis de la société et par contre-coup permet le développement du capitalisme. Cette idéologie doit elle aussi être caractérisée selon la méthode de l'Idéal-type. Fondée sur l'idée de prédestination, elle implique que l'individu ignore s'il est sauvé ou damné. Ensuite elle fait appel à la notion de *Beruf* ou de vocation, ce qui signifie que l'homme doit réaliser en ce bas monde un certain nombre de tâches pour être digne d'être sauvé et pour répondre à sa situation de pêcheur. Et conséquence prévisible, l'individu doit réussir dans son travail et dans l'état qui est le sien dans ce monde en développant en lui les vertus d'économie, d'efficacité, d'application, de sérieux, etc. Le travail devient alors la valeur suprême puisqu'il possède la double caractéristique d'imposer une discipline qui transcende les plaisirs et les instincts tout en permettant de rendre hommage à Dieu. La réussite dans le travail témoigne de l'intérêt que Dieu porte à l'individu vertueux et elle est sa seule consolation ici-bas.

Le capitalisme s'expliquerait donc par un changement de mentalité dû au protestantisme et au calvinisme en particulier. Celui-ci, on le sait, reconnaît le prêt à intérêts (pourvu que son taux ne soit pas exorbitant) et par là favorise les formes modernes du développement économique. Avec les Mennonites (en Hollande et en Angleterre), puis avec les Piétistes d'où sont issus les Puritains et enfin avec les Méthodistes et les sectes diverses d'Amérique, se confirme et s'approfondit ce nouveau rapport au travail et à la réussite. Weber trouve d'ailleurs quelques textes extraordinaires pour justifier son argumentation et il cite des sermons ou des ouvrages théoriques des grands hommes des sectes, sans oublier les pages irrésistibles (et bien connues) de Franklin. Historien subtil, il ne soutient pas que Calvin, Fox ou d'autres furent favorables — en tant que pasteurs — au capitalisme, mais il montre comment leurs sectateurs trouvaient dans leurs doctrines une rationalisation de leurs problèmes leur permettant de concilier le spirituel et les affaires. Sa position nuancée s'accompagne de distinctions qui montrent l'enchevêtrement des intérêts et des prises de position purement théologiques. Si l'idéologie calviniste crée les conditions d'un nouveau rapport à l'argent, il n'en reste pas moins que les théologiens en tant que tels fustigeaient l'effet néfaste de la richesse et les injustices subies par les plus pauvres. En somme, on retrouve ici ce qu'avait remarqué pour sa part Gramsci (qui avait lu Weber) : le double langage des Églises, selon le public auquel elles s'adressent. Il convient de dissocier l'enseignement « officiel » des théologiens et la manière dont il est repensé et appliqué dans les affaires. Le concept de *Beruf* joue un rôle capital dans la mesure où il crée un champ idéologique propre à favoriser ces nouvelles vertus : primat du travail, économie et épargne, privations volontaires pour réinvestir dans les affaires l'argent gagné au lieu de le dépenser en biens somptuaires. Toute cette étude s'appuie sur de nombreux textes et des statistiques. Par exemple, Weber montre qu'en Allemagne les catholiques suivent plus les cours des collèges littéraires, tandis que les protestants préfèrent les études techniques. Les pays catholiques, comme l'Autriche ou la Pologne, sont obligés d'importer des techniciens protestants (Mennonites ou autres). Ainsi, seul un changement de mentalité permet d'expliquer comment on est passé d'une économie féodale, fondée sur l'idée d'un travail nécessaire aux besoins, à une économie fondée sur le profit. Et la justification de celui-ci est rationalisée par la pensée religieuse protestante qui valorise le travail vertueux agréable à Dieu.

Inutile de dire que les controverses ont été nombreuses et les réfutations encore plus (16). Nous ne les reprendrons pas toutes, mais notons qu'il n'a pas été difficile de montrer que Calvin, Fox ou Wesley s'intéressaient avant tout à la théologie et que leur apologie du travail vertueux s'appuyait sur des raisons morales. La notion de *Beruf* est ambiguë, car la Prédestination ne conduit pas nécessairement à une apologie de la réussite en affaires, mais peut conduire à une certaine passivité. Enfin, si l'on regarde les livres consacrés à l'économie, on s'aperçoit que les pays catholiques n'ont pas

(16) Pour une mise au point, voir K. Samuelsson, *Économie et religion. Une critique de Max Weber*, 1957. Trad. franç., 1972.

ignoré le rôle du travail, du réinvestissement des bénéfices et de l'épargne (cf. Colbert). Enfin le problème controversé du prêt à intérêts n'est sans doute pas aussi décisif que le croit Weber, parce que les facteurs de l'enrichissement ont été les bénéfices tirés de l'exploitation des ressources naturelles, de la monopolisation des marchés et surtout de l'exploitation de l'homme par l'homme. En somme Weber surestimerait les protestants comme d'autres ont surestimé la banque juive...

Mais nous nous intéressons ici à des problèmes méthodologiques, plutôt qu'à des polémiques purement historiques. Or la corrélation entre le protestantisme et le capitalisme implique un Idéal-type qui est à la fois trop lâche et trop étroit. Trop lâche, dans la mesure où on ne peut définir le capitalisme seulement comme la volonté d'obtenir le maximum de profits sans tenir compte d'autres facteurs comme les rapports de production, les grandes découvertes, le pillage du monde... Trop étroit parce que l'ardeur au travail ne peut se ramener à l'idéologie de la Prédestination. Pour notre part, nous ferions commencer bien plutôt vers le milieu du xve siècle, le nouveau rapport de l'homme et du travail. C'est à Florence que s'est élaborée contre l'idéologie « médiévale » cette redéfinition de l'homme comme être engagé socialement, politiquement, familialement dans les affaires et dans le succès de ses entreprises. Le *De la famiglia* d'Alberti est révélateur. La bourgeoisie florentine avait besoin de construire une nouvelle théorie de l'homme actif et responsable pour répondre aux objectifs commerciaux, techniques et industriels qu'elle réalisait dans la Péninsule et en Europe. Enfin Samuelsson a raison lorsqu'il reproche à Weber d'éliminer toutes les formes de transition, toutes les différences en se permettant de comparer avec superbe siècles et contrées comme si les corrélations s'établissaient sans poser de problèmes. Faut-il, dans ces conditions, remettre en question la valeur de l'Idéal-type comme méthode heuristique ? Faut-il récuser les constructions qui, pour être parfois arbitraires aux yeux de l'érudition, présentent l'avantage de renouveler toute une problématique. Personnellement, nous ne le croyons pas, et la théorie présente, aujourd'hui, dans les sciences humaines un beau risque à courir.

Bien que critiquée, l'interprétation de Weber eut une destinée paradoxale : les uns y virent une réfutation du marxisme, tandis qu'à gauche on y lisait l'invitation à reprendre, selon d'autres bases, les rapports de la religion et du capitalisme. Tawney, dans *The rise of capitalism and religion* (17), montre comment la religion en tant que puissance morale et politique favorisa le développement du capitalisme. Il est vrai qu'il inversa la question posée par Weber. Il ne part pas de l'homme et de la théorie de la Prédestination, mais il montre au contraire comment le puritanisme et les différentes sectes furent un effet des transformations sociales, une nouvelle façon de répondre théoriquement à une société qui devait travailler pour accumuler et investir. Devenant l'idéologie d'une classe sociale qui s'enrichit, le puritanisme voile l'oppression que subissent les pauvres en inventant la justification théologique de la réussite dans le travail vertueux. L'échec devient la preuve de l'abandon divin.

Ce qui était en cause dans ces discussions, ce n'était pas l'Idéal-type, mais l'articulation de la théorie du *Beruf* et des réalités économiques. Pour sa part, Weber y avait répondu dans une série de conférences faites à Vienne en 1918 où il présente ses idées comme une *Critique positive de la conception matérialiste de l'histoire*. Finalement, pour lui, comme pour Toynbee dans un autre contexte, il existe un choix des individus qui détermine leur attitude envers le monde et qui implique que le devenir soit toujours ouvert et ne se réduise jamais « en dernière analyse » à un facteur nécessaire. La conviction dans chaque situation fonde les règles de vie, les attitudes, les réponses données à l'événement. A tous les niveaux, Weber trouve, selon la formule de Raymond Aron, « l'anarchie des choix ». Il y a chez lui un perpétuel va-et-vient entre l'homme de science et l'homme engagé. Comme homme de science, il donne évidemment un primat à l'éthique de la connaissance ; comme homme engagé, la liberté et le choix de chacun le fascinent.

Prenons le texte intitulé : « Études critiques pour servir à la logique des sciences de la culture » de 1906, où s'opposant à un certain Meyer, Weber dégage le concept de « possibilité

(17) Tawney, 1926.

objective » et par suite celui de causalité en histoire. Imaginons que la bataille de Marathon n'ait pas eu lieu et construisons avec les éléments que nous connaissons le « tableau de pensée » de ce qui était objectivement possible. En simplifiant à l'extrême, au lieu du triomphe de l'esprit hellénique libre on aurait pu avoir le triomphe de l'esprit « théocratico-religieux ». Que fait l'historien lorsqu'il réfléchit sur ce thème ? D'abord, il sélectionne un événement considéré comme décisif — la bataille de Marathon —, ensuite, il calcule l'enjeu et essaie de le décrire. Dans cette opération qui relève de la pure imagination, l'historien ne se contente pas de « photographier » l'événement bataille de Marathon, il ajoute au donné tout un savoir qui n'existe pas dans le fait brut. Ce qui signifie que l'examen de la causalité d'un événement exige beaucoup plus que des processus d'isolement et d'analyse, mais aussi des processus de construction et de variation. « Pour démêler les relations causales réelles nous en construisons d'irréelles (18). » Ici apparaît le double souci de concilier le savant et le philosophe. Comme savant, Weber veut comprendre le plus clairement possible le faisceau de circonstances qui a déterminé la bataille de Marathon, comme philosophe il restitue à l'événement sa part d'imprévu et sa signification décisive dans l'histoire de l'Occident La causalité joue un double rôle dans sa recherche : garantir le travail du savant en montrant que la reconstruction compréhensive n'est pas arbitraire, justifier sa philosophie de l'histoire en prouvant que l'événement ne s'imposait pas nécessairement et qu'il existait une large part d'imprévu. Tout événement résulte de ce faisceau de circonstances très générales et d'un imprévu. Weber a tendance à insister sur le fait que dans les circonstances cruciales, il s'est toujours trouvé un groupe d'hommes ou un individu pour choisir tel ou tel type de réponses.

Chez lui, l'éthique de la conviction et l'éthique du savant se rejoignent même si le savant dans son activité de recherche doit s'imposer une neutralité axiologique et un contrôle constant. Mais dès qu'on passe à l'interprétation, c'est finalement une philosophie des valeurs qui inspire la signification

(18) *Essais sur la théorie de la science*, p. 319.

dernière donnée à l'histoire. En ce sens, le savant et le politique s'opposent puisque le premier ne cherche que la connaissance et le second l'efficacité, c'est-à-dire qu'il pose les problèmes en terme de moyens et de fins. Mais l'histoire exige que les hommes agissent selon l'éthique de la responsabilité. Cette dualité, qu'on retrouverait d'ailleurs chez Machiavel, oriente toute l'œuvre et propose l'Idéal-type d'un homme qui serait à la fois savant et polique, honnête homme et homme d'action. « L'éthique de la conviction et l'éthique de la responsabilité ne sont pas contradictoires, mais elles se complètent l'une l'autre et constituent ensemble l'homme authentique, c'est-à-dire un homme qui peut prétendre à la vocation politique (19). »

Ceci le conduisait dans *Économie et société*, ouvrage inachevé et publié en 1922 par Marianne Weber, à s'interroger sur les structures de domination et à poser les problèmes contemporains. Il distingue trois types de domination : l'une traditionnelle, appuyée sur le passé, l'autre rationnelle, fondée sur l'ordre et la loi, enfin une dernière forme appelée charismatique, où les relations de chacun à un chef prestigieux forment le ciment de la société. D'ailleurs, on se trouve rarement, dans la pratique, en face d'un type pur de domination. En général, les diverses formes coexistent. Ces textes difficiles, ambigus à force de subtilités ou d'analyses, donnent la clé de son œuvre et de sa théorie de l'histoire. Nationaliste allemand, Weber croit à la grandeur nationale, à la politique de puissance, à la lutte éternelle entre les intérêts. Ces tendances néo-darwiniennes (et peut-être même nietzschéennes) justifient le primat qu'il donne en histoire au choix et à la volonté. Même lorsqu'il analyse en sociologie des institutions et leur logique interne (par exemple la bureaucratie), il ne peut se défendre d'un certain pessimisme : nous vivons dans un univers désenchanté, d'où ont disparu les dieux et où l'espoir révolutionnaire apparaît comme une illusion. Contrairement à Marx, Weber ne croit pas qu'on peut prédire à plus ou moins longue échéance, et surtout, pour lui, la lutte ne débouche pas sur l'abolition des contradictions de classe, mais sur des oppositions éternelles d'intérêts. Quant à la

(19) *Le savant et le politique*, p. 183.

142

bureaucratie qui menace toutes les sociétés contemporaines, elle aboutit au nivellement des individus asservis par les technocrates au profit de forces obscures et aliénantes. La marge de manœuvre de chacun reste étroite et ne joue finalement que pour des individus qui savent s'imposer dans la compétition de tous contre tous. En définitive, il ne reste que des choix solitaires.

Telle quelle, cette philosophie de l'histoire marque surtout les limites des reconstructions de l'époque. Volonté de scientificité : comment écrit-on l'histoire ? De quel lieu parle l'historien ? Mais aussi désenchantement d'une bourgeoisie qui ne croit plus à l'avenir, mais qui reste attachée à des valeurs de compétition et de liberté. Non pas la liberté pour tous, mais pour ceux qui luttent. Si certaines idées de Weber sur la bureaucratie peuvent paraître géniales et anticipatrices, d'autres ne font que perpétuer la domination. Témoin, cette conversation avec Ludendorf, rapportée par Marianne Weber. « *Ludendorf* — Qu'entendez-vous par démocratie ? *Weber* — Dans la démocratie le peuple choisit son chef (*Führer*) en qui il met sa confiance. Puis celui qui a été choisi dit : « Maintenant fermez-la et obéissez ». Le peuple et les partis n'ont plus le droit de mettre leur grain de sel. *Ludendorf* — Une telle démocratie me plairait. *Weber* — Plus tard le peuple peut juger. Si le chef a commis des erreurs, qu'il aille se faire pendre (20). »

(20) Cité par Raymond Aron, *Les étapes de la pensée sociologique*. Paris 1967, p. 581.

7 STRUCTURALISMES

> « L'analyse structurale ne récuse pas l'histoire. Bien au contraire, elle lui concède une place de premier plan : celle qui revient de droit à la contingence irréductible sans laquelle on ne pourrait même pas concevoir la nécessité. »
>
> Lévi-Strauss, *Du miel aux cendres*, p. 408.

Les philosophies de l'histoire dont nous avons parlé on tenté de résoudre un problème sur lequel elles ont diversement achoppé : comment rendre compte des changements tout en postulant l'existence d'un système d'explication applicable à l'ensemble de l'histoire connue ? Qu'on parle de raison, de rareté, de défi, de convictions ou même de lois économiques, on se trouve toujours devant la même difficulté. L'histoire concrète s'ouvre sur la diversité, l'imprévu, les mutations brusques et pourtant il doit exister une grille permettant de trouver par delà l'événement une logique profonde du déroulement et de la totalisation de ce « pullulement de destins individuels », comme dit Sartre. Ce paradoxe, toutes les philosophies de l'histoire l'ont senti et chacune a cherché à y répondre selon ses moyens. Abandonnant au spécialiste l'étude des phénomènes précis, les philosophes se sont réservé les synthèses, parce que tous postulent que les synthèses sont possibles.

Les structuralistes qui se veulent scientifiques n'ont pas échappé, malgré des affirmations bien imprudentes, aux

Les Philosophies de l'histoire.   6 mêmes questions. Ils ont seulement eu l'intelligence de renverser une vieille problématique. Remplaçant l'homme par le « ça fonctionne », l'événement par le système, le changement par des combinaisons internes, ils ont cru sortir de l'aporie des philosophes de l'histoire en trouvant des règles de comportement inconscientes, plus anciennes que l'histoire et plus universelles que l'agitation superficielle des événements. Qu'ils s'apparentent à la théorie de l'information, à la linguistique ou à la biologie ou à tout autre schéma, ils sont persuadés de mener le bon combat contre l'humanisme, c'est-à-dire contre « la » métaphysique.

La fascination qu'a exercée pendant une dizaine d'années ce type de réflexion s'explique sans doute par les faiblesses de l'existentialisme et la platitude de la philosophie universitaire traditionnelle. Que faire lorsqu'on est philosophe et qu'on ne croit plus à la philosophie ? Évidemment se retourner vers les sciences et chercher en elles des « modèles », des « structures », des « schémas » qui permettent d'échapper à la métaphysique. Alors on s'initie à la linguistique qui est relativement accessible, à l'économie politique, ou même, comble de fascination, à quelque abrégé de la théorie des ensembles. Désillusionné par la raison (dialectique ou analytique), dégoûté par l'herméneutique (bien décevante), complexé par la science (qu'il ne connaît guère), le philosophe se jette dans le structuralisme, persuadé d'échapper à l'idéologie et de se retrouver sur le terrain sûr d'un savoir enfin débarrassé des miasmes de l'idéalisme. D'où ces constructions qu'on voit fleurir dans les revues sous formes de jolis petits schémas où s'opposent et se réunissent miraculeusement quelques notions pertinentes ou non, affublées d'un + ou d'un —, d'un et/ou, sésame-ouvre-toi d'une « science » qui récapitulera enfin pour le profane la structure du discours du café du commerce, les modèles de la domination féodale, la sémiotique de *La philosophie dans le boudoir*, la fermeture du champ épistémique de l'échange des chats chez des Zigons de Tsou-don... J'exagère à peine. A côté de maîtres comme Lévi-Strauss qui ont accompli un travail de déchiffrement extraordinaire, fleurissent les épigones qui utilisent naïvement quelques métaphores qu'ils prennent pour du savoir sérieux. Parler du structuralisme, par delà les modes, suppose quelque ascèse et surtout renvoie à une question décisive : y a-t-il, comme le pensent certains philosophes, un privilège de l'histoire ou ne se trouve-t-on pas devant un des derniers repères du discours métaphysique ?

DIFFICULTÉ DE LA NOTION DE STRUCTURE

Admettre qu'il existe des ensembles fonctionnant selon des règles rigoureusement indépendantes de la volonté des hommes est une banalité qu'on retrouve à travers l'histoire des idées sous des formes diverses et peu élaborées scientifiquement, même si les philosophes ont dépensé des trésors d'ingéniosité pour essayer de construire des explications subtiles et cohérentes. On ne retournera pas à Aristote et à la prodigieuse complexité de sa théorie de la hiérarchisation des rapports matière-forme, et on laissera de côté Kant et sa conception de l'*a priori*. Sans doute faudrait-il regarder du côté des biologistes pour voir comment la notion de totalité et de structure s'est progressivement dégagée et précisée. Ce n'est pas notre propos ici. Sous une forme vague, le structuralisme domine toute philosophie qui veut échapper à la juxtaposition de mécanismes ou d'éléments et qui cherche un idéal d'intelligibilité dans des processus de totalisation. Les progrès se firent le jour où on commença à vérifier expérimentalement ce qui n'était auparavant que rapports vagues du tout à la partie. Nous songeons ici aux expériences de la *Gestalttheorie*, aux études de Goldstein sur les blessés de guerre et à la systématisation, décisive en son temps, de *La Phénoménologie de la perception* de Merleau-Ponty.

Mais c'est un autre domaine qui devait donner au structuralisme actuel ses lettres de noblesse : il s'agit de la linguistique et de l'interprétation de tous les actes humains en terme de communication et de structure. Si l'on suit Jakobson dans ses *Essais de linguistique générale* (1), on voit comment entre 1929, date de la création du cercle de Prague, et notre époque, on a assisté progressivement à une extension

(1) Jakobson, *Essais de linguistique générale*, T. I et T. II. Paris 1963 et 1973.

de la pensée linguistique à toutes les sciences de l'homme. Jakobson distingue trois niveaux hiérarchisés. D'abord la linguistique qui s'occupe de la communication des messages verbaux, ensuite la sémiotique qui porte sur des messages quelconques (y compris les messages verbaux), enfin l'anthropologie sociale et économique qui étudie la communication en général (y compris les messages verbaux et les messages quelconques). On s'oriente alors vers une science générale de la communication comme le souligne Benveniste : « Le problème sera bien plutôt de découvrir la base commune à la langue et à la société, les principes qui commandent ces deux structures, en définissant d'abord les unités qui dans l'une et dans l'autre, se prêteraient à être comparées, et d'en faire ressortir l'interdépendance (2). » Le privilège actuel de la sémiotique vient de ce qu'elle étudie tous les messages quelconques et que son champ d'action paraît plus large que la linguistique proprement dite. Mais en même temps, il faudrait se demander si la sémiotique ne tombe pas souvent dans l'arbitraire et dans les élucubrations brillantes d'une reconstruction purement hypothétique. Quand Talcott Parsons affirme que « la monnaie est une langue extrêmement spécialisée » et que les transactions économiques sont « certains types de conversation », ou bien que la circulation monétaire est un code au sens grammatical, nous ne voyons pas ce qu'apporte de décisif ce changement de vocabulaire. Très souvent, et surtout dans la pratique actuelle de certains critiques, la sémiotique retombe dans tous les défauts de l'herméneutique, à cela près qu'on remplace par un terrorisme du signe ou de la structure ce qui n'était qu'aimables variations sur le sens. Ni Pierce, ni Cassirer ne sont réellement arrivés à constituer la sémiotique par suite de l'ambiguïté de la notion de signe. Est-il linguistique ? Non linguistique ? Quant aux essais d'aujourd'hui pour constituer une sémiotique matérialiste fondée sur la production d'une signification (ou plutôt d'une signifiance), il est trop tôt pour se prononcer. D'ailleurs nous nous méfions de l'usage inconsidéré du terme production qui a remplacé dans le catalogue des idées toutes faites (et non élaborées) : praxis, dialectique

(2) Texte cité par Jakobson, T. II, p. 40.

ou aliénation. De la production désirante à la production conceptuelle en passant par les productions de l'inconscient, il y en a pour tous les goûts. Manière commode de se croire dans les usines de la révolution théorique... Le structuralisme sérieux ne peut s'appuyer que sur deux domaines qui ont fait leurs preuves : la linguistique et certains aspects de l'anthropologie.

Il reste cependant un espoir de combler les lacunes entre le langage et la biologie. Depuis longtemps Piaget s'y essaie en montrant l'emboîtement des divers types de structures à travers la genèse de l'intelligence chez l'enfant. Enfin ses grands ouvrages de synthèse comme *L'épistémologie génétique* ou plus récemment les derniers chapitres de l'ouvrage collectif intitulé *Logique et connaissance scientifique*, proposent un système « cyclique » de classification des sciences (3). On trouvera aussi des hypothèses passionnantes du côté des recherches sur le code de l'ADN. Dans sa leçon inaugurale au Collège de France, F. Jacob déclare : « la surprise c'est que la spécificité génétique soit écrite, non avec des diagrammes comme en Chinois, mais avec un alphabet comme en Français ou plutôt comme en Morse. Le sens du message provient de la combinaison des signes en mots et de l'arrangement des mots en phrases... (4) », ce qui permettrait d'envisager un certain parallélisme entre le code génétique et le code verbal. Tous les deux sont fondés sur l'emploi « d'éléments discrets, en eux-mêmes dépourvus de signification, mais qui servent à constituer des unités significatives ». Problèmes fascinants, mais qui pour l'instant paraissent relever de la science-fiction dans la mesure où l'espoir des linguistes ou des sémiologues de fonder une science unitaire du signe et de la communication est loin d'être atteint.

Pour notre propos, qui est moins ambitieux, il s'agit de savoir si le structuralisme ou les structuralismes proposent, dans le domaine de l'histoire, des types d'explication qui permettraient d'éviter cette métaphysique tant reprochée aux

(3) J. Piaget, *L'épistémologie génétique*, 3 vol., Paris 1950. *Logique et connaissance scientifique*, Encyclopédie de la Pléiade, sous la direction de Jean Piaget, Paris 1967.
(4) F. Jacob, *Leçon inaugurale*, faite le 7 mai 1965, Paris, p. 22.

philosophes. Atteindrait-on enfin à une rigueur scientifique dans le domaine des sciences de l'homme ? Lévi-Strauss formule cet espoir. « Nous sommes conduits, en effet, à nous demander si divers aspects de la vie sociale (y compris l'art et la religion) — dont nous savons déjà que l'étude peut s'aider de méthodes et de notions empruntées à la linguistique — ne consistent pas en phénomènes dont la nature rejoint celle même du langage (5). » Cela implique une réflexion originale sur l'histoire et en particulier sur les rapports de la synchronie et de la diachronie. En plus, il s'agit de repenser les rapports de la linguistique et des diverses formes de la vie sociale.

Sur ce point, les divers structuralismes sont loin de s'entendre. Le structuralisme génétique de Piaget n'est pas incompatible avec une théorie du devenir et même avec la dialectique. Celui de Lévi-Strauss, bien qu'ayant au point de départ une réflexion sur le marxisme, ne semble pas accorder beaucoup de place à la dialectique et encore moins à la lutte des classes. Enfin, le rôle des mathématiques se réduit tantôt à une utilisation assez lâche de quelques oppositions élémentaires, tantôt à une tentative de formuler rigoureusement un système de transformations. D'où les quolibets et les agacements de certains scientifiques devant certaines fantaisies des anthropologues (6). A la suite de certaines critiques, Lévi-Strauss a fait marche arrière et sa position, aujourd'hui, est plus prudente que celle des années cinquante lorsqu'il réunissait, en volume, les articles de l'*Anthropologie structurale I*. Il faut donc s'y résoudre, comme l'a démontré Boudon, la notion de structure est polysémique et seul peut être qualifié de sérieux ce qui permet de construire une théorie capable d'expliquer l'interdépendance des éléments. Entre le structuralisme « mondain » et le structuralisme scientifique passe la démonstration. « La notion de structure apparaît dans le contexte d'une théorie hypothético-déductive vérifiable appliquée à un système. La fonction de cette théorie est d'expliquer l'interdépendance des éléments du système, ou en d'autres termes l'ensemble des relations

(5) Lévi-Strauss, *Anthropologie structurale*, Paris 1958, p. 71.
(6) A. Régnier, *Mathématiser les sciences de l'homme ?*, dans l'ouvrage collectif : *Anthropologie et calcul*, Paris 1971.

qui le caractérisent (7) . » En quoi il ne s'oppose pas, sur ce point, à la définition classique de la structure donnée par Piaget : « Une structure est un système de transformations qui comporte des lois en tant que système (par opposition aux propriétés des éléments), et qui se conserve ou s'enrichit par le jeu même des transformations, sans que celles-ci aboutissent en dehors de ses frontières ou fassent appel à des éléments extérieurs (8). » D'où les trois notions qui caractérisent la structure : la totalisation, la transformation, l'autoréglage. La première notion est relativement vague parce qu'elle pourrait aussi bien caractériser le structuralisme préhistorique (comme celui d'Aristote) que le structuralisme de Goldstein. L'idée de transformation est décisive puisqu'elle prouve scientifiquement les règles de fonctionnement du système. Enfin, le concept d'auto-réglage emprunté à la cybernétique suppose soit l'existence de régulations internes comme en biologie, soit une organisation des opérations logiques telles qu'elles conservent leur propres règles à travers les transformations.

« LE KANTISME SANS SUJET TRANSCENDANTAL » DE LÉVI-STRAUSS

Depuis une trentaine d'années, Lévi-Strauss étonne ses contemporains, en révolutionnant les études sur la parenté et surtout celles sur les mythes (asile sécurisant des herméneutiques depuis Schelling et Schleiermacher jusqu'aux modernes réflexions sur la religion). Mais peut-être plus décisives pour notre propos sont les ambitions philosophiques qui apparaissent à chaque détour de ce travail immense. Il ne s'agit de rien moins que de détruire les « évidences » sur lesquelles s'est appuyée la pensée occidentale : l'idée d'homme, le primat de l'histoire, la supériorité de la pensée scientifique sur tous les autres modes d'approches du monde tels la magie ou la mythologie, etc. Débusquant les certitudes durement ancrées dans le « sens commun » de la gent

(7) R. Boudon, *A quoi sert la notion de structure ?* Paris 1968, p. 53.
(8) J. Piaget, *Le structuralisme*, p. 7. Paris 1968.

philosophique, Lévi-Strauss sera un des premiers à montrer que nous avons érigé en absolu nos propres idées sans prendre conscience qu'elles ne sont que des variations thématiques parmi le choix des possibles que nous proposent les mythes et les pratiques des sociétés injustement appelées « primitives ». Des *Structures élémentaires de la parenté* (1945) au Finale de *L'homme nu* (1973), le propos s'est élargi, le pessimisme devenu plus profond, le style plus éblouissant, mais l'essentiel demeure. « Si, comme nous le croyons, l'activité inconsciente de l'esprit consiste à imposer des formes à un contenu et si ces formes sont fondamentalement les mêmes pour tous les esprits anciens et modernes, primitifs ou civilisés... il faut et il suffit d'atteindre la structure inconsciente sous-jacente à chaque institution... pour obtenir un principe d'interprétation valide pour d'autres institutions et d'autres costumes, à condition, naturellement, de pousser assez loin l'analyse (9). »

Théorie scandaleuse pour toutes les philosophies de l'histoire qui ne scandent le temps qu'en termes de genèse, de transformations, de progrès ou d'évolution. L'œuvre de Lévi-Strauss invite donc à une interrogation sur tous ces thèmes qu'on avait peut-être un peu trop naïvement pris pour des évidences tant ils semblaient s'imposer à celui qui regarde rétrospectivement le déroulement des civilisations. Certes, Lévi-Strauss ne nie pas la différence entre la pensée sauvage et la pensée scientifique, mais il considère que ce sont deux niveaux stratégiques pour attaquer la nature, deux modes de connaissances qui « diffèrent moins en nature qu'en fonction des types de phénomènes auxquels elles s'appliquent (10) ». Si la pensée mythique travaille à la manière du bricoleur qui collectionne des éléments divers en vertu du principe « ça peut toujours servir », la pensée scientifique, elle, crée ses moyens grâce « aux structures qu'elle fabrique sans trève et qui sont ses hypothèses et ses théories (11) ». Le bricoleur reste toujours à mi-chemin entre les images, les analogies et les concepts. Le savant utilise

(9) *Anthropologie structurale*, I, p. 28.
(10) *La pensée sauvage*, Paris 1962, p. 21.
(11) *Id.*, p. 33.

aussi les analogies, la méthode des essais et des erreurs, mais il se meut dans un monde où le concept est roi. « Le concept apparaît ainsi comme l'opérateur de l'ouverture de l'ensemble avec lequel on travaille, la signification comme l'opérateur de sa réorganisation : elle ne l'étend ni la renouvelle, mais se borne à obtenir le groupe de ses transformations (12).» Entre la magie et la science, il n'y a pas cette opposition chère aux rationalistes du XVIIIe siècle, il n'y a pas deux stades de l'évolution de l'humanité, mais un même mode de connaissances fonctionnant selon des règles de transformation différentes : l'un bricole et réussit parfois, l'autre plus efficace crée ses propres moyens. Deux modes d'accès au monde, dont l'un utilise des résidus d'événements tandis que l'autre fabrique ses propres événements. Mais rien ne permet de conclure comme le fait la philosophie qu'il y ait là des étapes de la pensée, avec des « coupures » épistémologiques, des ruptures et des restructurations. Lévi-Strauss balaie le postulat de l'historicisme en récusant l'idée d'une genèse de l'esprit humain impliquant des stades de développement et des façons originales et radicalement neuves d'appréhender le réel. Pour lui, l'esprit humain reste fondamentalement identique et entre le mythe et la science la plus élaborée, il n'existe qu'une différence de moyens (donc d'efficacité), mais pas de rupture radicale. Retrouverait-on, à travers des schémas empruntés à la linguistique, le vieux « mythe » d'une nature humaine ?

La lecture des brillantes variations sur le bricolage et la science laisse sceptique. La théorie est séduisante certes, mais comment peut-on la vérifier sérieusement ? Comment prouver qu'on a abandonné les idées tant décriées des philosophes ? L'enchevêtrement dans toutes les analyses de Lévi-Strauss d'arguments philosophiques et d'arguments scientifiques provoque un certain malaise qui permet de comprendre les polémiques que suscite son œuvre. C'est d'ailleurs le paradoxe de toute grande pensée depuis Marx de ne pouvoir assumer sa scientificité qu'à condition de polémiquer contre « la » philosophie et d'adopter en même temps des positions méta-scientifiques qui la font nécessaire-

(12) *Id.*, p. 30.

ment retomber dans l'idéologie. Combat avec l'Ange dans lequel Marx, Freud ou Lévi-Strauss marquent des points sans cependant gagner la bataille... (Et cela continuera tant que les penseurs vivront sur un concept équivoque de la science, où des embryons de vérification seront érigés en « théorie » baptisée scientifique. Plus le chantage : si vous n'acceptez pas ma reconstruction « scientifique », vous retombez dans la métaphysique...)

Lévi-Strauss espère découvrir un code universel « capable d'exprimer les propriétés communes aux structures spécifiques relevant de chaque aspect. L'emploi de ce code devant être légitime pour chaque système pris isolément et pour tous quand il s'agira de les comparer (10) ». Rêve leibnizien d'une caractéristique universelle où les monades sont remplacées par la recherche d'un code permettant d'introduire des écarts différentiels, des contrastes pour traiter les messages véhiculés par les mythes ou la parenté comme des opérations susceptibles d'une formalisation. Aussi la structure ne se rapporte-t-elle pas directement à la réalité empirique, elle est construite comme modèle à partir de celle-ci. Très classiquement Lévi-Strauss définit la structure comme un système dont la modification d'un des éléments entraîne celle des autres. Tout modèle « appartient à un groupe de transformation ». Enfin ses propriétés « permettent de prévoir de quelle façon réagira le modèle, en cas de modification de l'un de ses éléments (11) ». Ajoutons qu'en ethnologie les modèles sont inconscients, contrairement aux modèles conscients construits par les mathématiques ou la science juridique. Pour répondre à certaines critiques des mathématiciens concernant la notion de groupe de transformation, Lévi-Strauss a nuancé sa pensée dans *Le Cru et le cuit* (1964). « Mieux que personne, nous avons conscience des acceptions très lâches que nous donnons à des termes tels que symétrie, inversions, équivalence, homologie, isomorphisme (12). » Ces remarques excluent une formalisation rigoureuse de type logico-mathématique ; il s'agirait plutôt comme en linguistique de dégager des règles combinatoires d'exclusion,

---

(10) *Anthropologie structurale*, p. 71.
(11) *Id.*, p. 306.
(12) *Le cru et le cuit*, p. 39.

de pertinences, d'inversion de signes. Comme les lois grammaticales ou les règles d'accentuation de la langue maternelle, ces processus restent inconscients.

Cette théorie, Ricœur l'a qualifiée de « Kantisme sans sujet transcendantal ». Épithète qu'accepte Lévi-Strauss à condition de bien préciser qu'il s'agit d'un matérialisme et non d'un formalisme ou d'un idéalisme, et bien plus d'un matérialisme déterministe et réaliste (13). Deux thèmes permettent, selon nous, de comprendre le cheminement de l'écrivain. D'abord, ses rapports avec le marxisme, ensuite le remaniement complet de la notion de forme et par suite de celle de contenu. Lévi-Strauss prétend à plusieurs reprises être fidèle à l'esprit du marxisme, bien qu'à ses yeux la théorie de la praxis soit trop simpliste pour rendre compte des rapports de l'homme et de la nature. Entre les superstructures et l'infrastructure s'intercale un autre processus qu'il appelle le schème conceptuel et qui opère la distinction entre praxis et pratiques. « Nous croyons qu'entre praxis et pratiques s'intercale toujours un médiateur qui est le schème conceptuel par l'opération duquel une matière et une forme, dépourvues l'une et l'autre d'existence indépendante, s'accomplissent comme structures, c'est-à-dire comme êtres à la fois empiriques et intelligibles (14). » Texte énigmatique et qui n'est pas sans faire songer à tous ces ponts et diverses synthèses que Kant établissait jadis entre l'entendement et la sensibilité, constructions d'autant plus fragiles qu'elles étaient plus ingénieuses et plus nécessaires à l'économie du système. Qu'est ce *tertium quid* dénommé structure qui réunit matière et forme auparavant dénuées d'existence indépendante ? Comment se forme cette structure à la fois empirique et intelligible ?

Peut-être faudrait-il se tourner vers la notion de forme pour mieux comprendre le fonctionnement de l'esprit humain. Lévi-Strauss reproche aux ethnologues du passé de « réifier la forme en la liant à un contenu déterminé, alors qu'elle se présente comme une méthode pour assimiler toute espèce de contenu (15) ». Si nous comprenons bien, le progrès en

(13) *Le cru et le cuit*, p. 34.
(14) *La pensée sauvage*, p. 173-174.
(15) *Id.*, p. 101.

ethnologie comme dans les autres sciences humaines a consisté à abandonner la connivence naïve entre la forme et le contenu, pour privilégier le signifiant sur le signifié. En suivant Lévi-Strauss sur ce terrain, on se sépare du marxisme (ou du moins de ses interprétations classiques) puisque pour celui-ci le contenu exprime la richesse infinie de la matière ou de l'histoire, tandis que la forme résulte du travail théorique du penseur qui par delà la diversité de l'événement saisit le sens d'un processus, d'une lutte ou d'une idéologie. En revanche, chez Lévi-Strauss, la forme devient déterminante, un peu à la manière d'une idée platonicienne, puisqu'elle impose telle ou telle configuration à des données diverses. Entre les deux modes d'approche, tout compromis paraît impossible. Pour le marxisme, le recours au contenu suppose que le changement — sous ses différentes formes — est la loi de l'être et que l'histoire, à travers la lutte des classes, aboutit à transformer des contenus et par delà les formes qui leur correspondent. Au contraire, pour l'auteur de *La pensée sauvage*, l'événement et la diversité des solutions apportées au problème du mariage ou des mythes n'apparaissent que sous forme de variables. Ils sont des éléments qu'on comparera, qu'on opposera à travers des inversions de sens, des complémentarités, des homologies, etc. Que plusieurs civilisations d'Amérique du Nord aient donné une importance à la chasse aux aigles, en l'associant tantôt positivement aux règles féminines, tantôt négativement, voilà qui permet de déterminer deux systèmes qui possèdent des homologies et aussi des inversions d'axes, selon qu'il s'agit de mythologies de l'agriculture ou de mythologies de la chasse (16). Le spécialiste des mythes fait apparaître par delà l'apparente contingence un ordre jusque-là inconnu.

Ainsi fera-t-on progresser la théorie des superstructures (encore inachevée) en montrant que la dialectique des superstructures « consiste comme celle du langage, à poser des unités constitutives, qui ne peuvent jouer ce rôle qu'à condition d'être définies de façon non équivoque, c'est-à-dire en les contrastant par paires, pour ensuite au moyen de ces unités constitutives, élaborer un système, lequel jouera enfin le

(16) *Pensée sauvage*, p. 174.

rôle d'un opérateur synthétique entre l'idée et le fait, transformant ce dernier en signe. L'esprit va ainsi de la diversité empirique à la simplicité conceptuelle, puis de la simplicité conceptuelle à la synthèse signifiante (16) ». Ce texte résume clairement les intentions de l'auteur : privilège du langage, recherche d'unités constitutives qu'on définit en les opposant par paires (ce qui *a priori* l'éloigne de la méthode dialectique). En outre, volonté de systématiser, c'est-à-dire d'élaborer une théorie plus vaste du fonctionnement de la pensée et pas seulement, comme à l'époque des *Structures élémentaires de la parenté*, des diverses formes d'échange. Ici, le privilège du mythe devient essentiel, puisqu'il apparaît comme une structure originale, Par l'effet de son éloignement dans le temps et dans l'espace, il décolle du substrat historique. Enfin, il se présente comme langage au second degré dont le sens surgit non pas à partir d'éléments isolés, mais de combinaisons dont il s'agit de décrire le fonctionnement pertinent. Avant l'ambitieuse entreprise des *Mythologiques*, *La pensée sauvage* dessine une halte, une réflexion sur la méthode qui nous intéresse d'autant plus qu'y sont discutées les prétentions des philosophes de l'histoire.

PUISSANCE ET INANITÉ DE L'ÉVÉNEMENT

L'histoire horripile et agace Lévi-Strauss. Non pas en tant que savoir et recherche sur le passé, mais en tant que catégorie philosophique majeure depuis le XIXᵉ siècle, c'est-à-dire préjugé moderne. Pour lui, elle doit être considérée comme un mythe parmi d'autres mythes et on étudiera son fonctionnement mythique selon les méthodes du structuralisme. Rien n'autorise à privilégier, comme le fait l'Occident, le développement qui se produisit en Grèce au Vᵉ siècle et qui se continua dans une partie du monde : « car il serait trop facile de conclure à une infirmité ou à une carence des sociétés ou des individus, dans tous les cas où ne s'est pas produit la même évolution (17) ». Évitons le contre-sens

(16) *Pensée Sauvage*, p. 174.
(17) *Du miel aux cendres*, p. 408.

ridicule qui consisterait à affirmer que pour sauver la pensée primitive, Lévi-Strauss refuse le monde actuel. Il y a chez lui une certaine nostalgie d'un autre monde, une certaine sensibilité rousseauiste, une critique implicite des absurdités de notre société, mais en même temps une confiance absolue dans l'affinement de nos moyens de connaître le monde ou le fonctionnement des sociétés et des idéologies. Mais en privilégiant l'histoire, les philosophes actuels s'enferment dans une série d'illusions qui les conduisent à confondre la contingence irréductible et le travail scientifique. « Pour être viable, une recherche tout entière tendue vers les structures commence par s'incliner devant la puissance et l'inanité de l'événement (18). » Non seulement Lévi-Strauss assimile l'histoire à l'événement, mais il va plus loin, puisqu'il critique l'idée d'un progrès de notre « équipement mental ». Celui-ci ne diffère pas radicalement selon les sociétés et les civilisations.

Certes, il n'est pas question de récuser totalement l'histoire et de nier que toute société se transforme. Mais la discussion commence lorsqu'on veut évaluer le rôle de l'histoire et le privilège que lui accordent nos contemporains. Celui-ci se fonde sur le prestige de la dimension temporelle opposée à l'éparpillement de l'espace. Nous pensons la continuité et le changement en réintériorisant le temps, alors que nous laissons l'espace dans l'extériorité. L'histoire apparaît alors comme « Mémoire de l'humanité », exactement selon le schéma où l'individu classe ses souvenirs selon l'avant ou l'après pour repenser la continuité de son existence. Et cette illusion, nous la projetons sur le passé en imaginant de coder la continuité du temps en continuité historique. A cet instant, le philosophe s'engage dans une nouvelle erreur encore plus grave : il imagine une prétendue continuité, un prétendu déroulement, un progrès, en oubliant que les faits historiques sont classés, choisis et organisés selon des perspectives théoriques, des intérêts de classe ou des modèles d'interprétation. Pour Lévi-Strauss, cette continuité est arbitraire. Les blancs dans nos connaissances, les événements non reliés entre eux présentent des séries de lacunes dont

(18) *Id.*, p. 408.

nous ne prenons pas conscience. Ces méprises s'appuient sur un code mal explicité qu'on appelle chronologie et qui fait croire qu'on peut classer selon l'avant et l'après en oubliant l'arbitraire de ces classifications suivant qu'on s'intéresse à une époque rapprochée ou à une période lointaine. On compte en siècles ou en millénaires lorsqu'on parle de civilisations éloignées, mais en jours ou en mois lorsqu'on analyse une guerre contemporaine. On utilise des ensembles discontinus qui possèdent des systèmes de références divers et qui ne sont pertinents que pour certaines époques. « La prétendue continuité historique n'est assurée qu'au moyen de tracés frauduleux (19). »

Il faut alors tirer une conclusion radicale en récusant « l'équivalence entre la notion d'histoire et celle d'humanité, qu'on prétend nous imposer dans le but inavoué de faire, de l'historicité, l'ultime refuge d'un humanisme transcendantal : comme si, à la seule condition de renoncer à des moi par trop dépourvus de consistance, les hommes pouvaient retrouver, sur le plan du nous, l'illusion de la liberté (20) ». Cette histoire que privilégie la philosophie actuelle conduit à une double erreur. La première, d'ordre épistémologique, consiste à identifier l'humanité avec l'histoire, la seconde d'ordre métaphysique, aboutit à l'humanisme, pire encore, à l'illusion de la liberté. Si Sartre est particulièrement visé dans ces textes, le débat sur le fond vise toute cette philosophie qui depuis Vico a érigé en vérité ce qui n'est que l'illusion d'optique de la conscience occidentale se prenant pour l'aboutissement nécessaire du cheminement des civilisations. Révolution copernicienne dérisoire d'un Occident qui identifie sa propre mythologie à l'aventure de l'humanité.

C'est dans *Race et Histoire*, dont la première version date de 1952 et dont le texte revu et corrigé a paru en 1973 dans *Anthropologie structurale II*, que l'auteur jetant un regard planétaire sur l'humanité précise sa position. Toutes les certitudes les plus ancrées de la conscience commune y sont passées au crible : l'évolutionnisme, le progrès, le rôle de la civilisation occidentale, les rapports de production et les

(19) *La pensée sauvage*, p. 365.
(20) *Id.*, p. 347.

classes sociales. Une véritable *Emendatio intellectus* qui dépayse même si elle ne convainc pas toujours. Et d'abord, l'évolutionnisme, conquête de la science. Si pour Lévi-Strauss, il ne fait aucun doute en biologie, il n'est « qu'un procédé séduisant mais dangereusement commode de présenter les faits » en ethnologie (21). Parce qu'il repose sur une double falsification : l'une d'identification sous prétexte de reconnaître la diversité, l'autre de métaphore. Dire que les sociétés évoluent c'est supposer qu'à travers leurs spécificités propres, elles suivent toutes la même courbe et les mêmes étapes nécessaires et échelonnées. Dire qu'on peut suivre l'évolution de tel ou tel type de hache, de la plus simple à la plus complexe, c'est utiliser une métaphore biologique inadéquate puisque si le cheval engendre le cheval, la hache n'engendre pas la hache. Ainsi dans le domaine des civilisations, les transformations ne se présentent pas selon le schéma d'une humanité d'abord enfant puis adulte, comme se plaisaient à l'imaginer jadis les anciens. Faut-il pousser le raisonnement et récuser la notion de progrès, dogme de la pensée occidentale depuis la Renaissance. Lévi-Strauss montre les difficultés des classifications traditionnelles qui font se succéder l'âge de la pierre taillée, celui de la pierre polie, du cuivre et du bronze. De nos jours on admet que diverses formes ont coexisté, « constituant, non des étapes d'un progrès à sens unique, mais des aspects ou, comme on dit, des « facies » d'une réalité non pas sans doute statique, mais soumise à des variations et transformations fort complexes (22) ». Tous ces échelonnements ne doivent pas être pris à la lettre comme des successions dans le temps, mais comme des transformations qui ont souvent coexisté en s'étalant dans l'espace. Sans nier le progrès (qui le pourrait ?), Lévi-Strauss le conçoit sous forme de sauts discontinus qui, selon lui, ne sont ni nécessaires, ni suivis et se présentent comme des accumulations de coups heureux à la grande loterie des possibles. Cette analogie avec les jeux de hasard joue un grand rôle dans ce texte. Tout se passe comme si en combinant le nombre des donnes et en les accumulant, le

(21) *Anthropologie structurale II*, p. 387.
(22) *Id.*, p. 393.

nombre des coups favorables augmentait. Au jeu de la civilisation, ce n'est pas le « banquier » qui gagne, mais l'ensemble de l'humanité qui s'enrichit. Après avoir pulvérisé les notions d'évolution et de progrès telles que les concevait le « bon sens », et après avoir opté pour la discontinuité et la coexistence des diverses formes de sociétés, l'auteur montre qu'il est difficile d'opposer une histoire stationnaire qui serait celle des peuples dits primitifs et une histoire cumulative qui serait la nôtre. Sans doute existe-t-il des sociétés « froides » où le système fonctionne de telle manière que la nouveauté est intégrée de telle façon qu'elle ne détruise pas l'équilibre ancien. Ces sociétés recherchent l'ordre et se referment sur un système clos. En revanche, les sociétés modernes vivent à travers ce déséquilibre que constitue la nouveauté. Au lieu de la « voiler », elles prennent conscience de la « distance » qu'elle implique et se développent en accentuant la distance entre l'avant et l'après, le plus et le moins. A proprement parler, il n'existe pas réellement de sociétés stationnaires. Même les sociétés primitives les plus « conservatrices » connaissent des événements, des troubles ou des distorsions. Si elles n'en tirent pas de conséquences au niveau de leur fonctionnement interne, elles n'en subissent pas moins, dans leurs propres valeurs, l'impact de ces nouveautés introduites de l'extérieur. Telle société australienne à laquelle les missionnaires avaient appris à jouer au football prolongeait les parties à l'infini, non par goût du jeu, mais pour arriver à une situation où chaque camp serait à égalité. L'immobilisme dérive d'une illusion d'optique. L'éloignement dans le temps ou dans l'espace nous voile le changement et nous ne comprenons pas les changements apportés à l'aventure humaine, hypnotisés que nous sommes par les transformations visibles de nos sociétés chaudes. La révolution néolithique vaut bien la révolution industrielle et rien ne justifie le privilège que l'historien accorde à la seconde. Vue de « haut », la révolution industrielle était « dans l'air » et peu importera dans 2 000 ou 3 000 ans qu'elle ait commencé en Angleterre et non pas en Afrique. Nous croyons qu'il ne se passe rien dans les sociétés primitives parce que nous les regardons en aveugles...

Cette vision cavalière de l'histoire ne va pas sans questions.

Qui nierait que la révolution néolithique n'ait été, en son temps, aussi importante que la révolution industrielle? Mais pour nous, elle est morte, intégrée à notre vie depuis 5 000 ans, tandis que nous vivons encore les conséquences de la révolution industrielle? N'est-il pas trop facile d'affirmer que dans vingt siècles, la révolution industrielle pourra être considérée avec autant de sérénité que le néolithique? Le propre de l'histoire n'est-il pas de refuser le regard rétrospectif du savant pour lequel trente ou quarante siècles ne comptent pas *sub specie aeternitatis*? En ce sens, l'admirable Finale de *l'Homme nu* qui accentue le pessimisme de Lévi-Strauss nous porte, une fois l'effroi admiratif de la première lecture dissipé, à nous interroger. Quand la Terre sera morte, le Soleil éteint, l'homme atomisé dans les espaces infinis, toute cette aventure humaine n'aura rien été qu'un « possible » réussi parmi d'autres. Pourquoi pas? Autrefois l'entropie faisait pleurer les chaumières, les abonnés de l'Encyclopédie Flammarion, tandis que l'École laïque combattait l'Infâme avec la seconde loi de la thermo-dynamique. Lévi-Strauss retrouve ces accents glacés qu'avaient les professeurs spiritualistes quand ils commentaient le *De natura rerum*. Et pourtant chez lui, quel sens du réel, quel amour des êtres, des fleurs et de la nature! Quel sentiment qu'un monde fragile disparaît sous les coups des bulldozers! Alors sa méconnaissance de l'histoire nous paraît une mise entre parenthèse trop commode, un point de vue de Sirius trop confortable. Que les illusions de la conscience l'exaspèrent, que les agitations des contemporains s'abîment dans la vanité, que l'idée d'un développement continu soit faux, nous le lui accordons bien volontiers. Mais qu'a-t-on gagné à ne voir dans l'histoire qu'une agitation à la surface des choses? Une mythologie moderne dont l'explication profonde renvoie à des structures qui se résolvent en définitive en systèmes de classement, en opérations binaires, en homologie ou en symétrie. On a écarté le problème mais on ne l'a pas résolu. Dire que le code de l'histoire consiste en classes de dates « où chaque date signifie pour autant qu'elle entretient avec les autres dates des rapports complexes de corrélation et d'opposition (23) »

(23) *La pensée sauvage*, p. 344.

simplifie abusivement la question. Parce que l'histoire, comme la vie de chacun d'entre nous, se fait à travers mille contradictions, mille morts. La réduire à un mythe parmi d'autres consiste à la solidifier en un corpus fossilisé exactement comme sont morts pour nous les mythes de la Grèce ancienne ou ignorés ceux des Indiens d'Amérique. Qu'on n'imagine pas que nous voulions revenir à l'herméneutique qui ne s'occupe de significations que pour réactualiser une nouvelle lecture de la Bible ou de la tradition. Qu'on n'imagine pas que nous acceptons de sauver le structuralisme à titre d'archéologie pour laisser ensuite libre cours à quelque « esprit » ou « âme ».

Mais, à notre avis, Lévi-Strauss commet vis-à-vis de l'histoire l'erreur qu'il reproche à ses contemporains vis-à-vis de la « pensée sauvage ». Ceux-ci, dit-il, sont incapables de comprendre le statut de l'ethnologie parce qu'elle les gêne dans leur volonté de privilégier les « groupes en fusion », la surprise d'une manifestation interdite et réussie. A l'inverse de Sartre, Lévi-Strauss minimise tout ce qui est de l'ordre des « temps chauds » parce que dans le domaine qu'il étudie, il n'en reste rien. Dans sa Leçon inaugurale au Collège de France il a dit de l'histoire : « Nous ne la pratiquons guère, mais nous tenons à lui réserver ses droits (24). » En fait, plusieurs textes polémiques visent à lui régler son compte, non pas en tant que pratique des historiens, mais comme « mythe » principal de notre époque, comme « idéologie » dominante de la gent philosophique. Qu'il rejette les prétentions des philosophies de l'histoire, cela ne fait aucun doute, mais qu'il se soit totalement libéré de certaines de ses présuppositions, cela se discute. Pour le montrer nous terminerons en nous appuyant sur la fin de *Race et Histoire* où Lévi-Strauss analyse le double sens du progrès.

Tout progrès naît de la rencontre de deux cultures. L'histoire cumulative surgit à partir de sociétés ayant des écarts différentiels mais qui sont en contact les unes avec les autres, tandis que l'histoire stationnaire, si elle existe, « serait la marque de ce genre de vie inférieur qui est celui des sociétés solitaires (25) ». Mais cette coalition entre les cultures qui

(24) *Anthropologie structurale II*, p. 24.
(25) *Id.*, p. 415.

est une mise en commun des chances risque d'aboutir à une contradiction. Plus les hommes collaborent, plus ils effacent leurs différences et plus la société en s'homogénéisant risque de manquer de différences. Aussi l'unification prévisible du genre humain sur la planète risque, si l'on accepte ce point de vue, de stopper le progrès dans son essence même. Lévi-Strauss voit trois solutions possibles pour éviter l'échéance. 1) Provoquer des écarts différentiels, comme cela s'est effectivement produit avec la révolution néolithique et la création des grands États, des castes, ou avec la révolution industrielle et la naissance du prolétariat. 2) Introduire d'autres partenaires, comme l'a réalisé effectivement l'entreprise coloniale depuis les XVIe siècle. 3) Utiliser la solution actuelle, c'est-à-dire des États et des systèmes antagonistes. Ainsi l'auteur ne partage pas l'optimisme de certains marxistes qui attendent la « fin de la préhistoire » dans la disparition des antagonismes et des classes. Pour lui, « le devoir sacré de l'humanité, si elle veut continuer à progresser, consiste à maintenir la diversité des cultures, ce qui n'exclut pas le déséquilibre et les antagonismes. La survie est à ce prix. «... l'humanité est riche de possibilités imprévues dont chacune, quand elle apparaîtra, frappera toujours les hommes de stupeur ; ... le progrès n'est pas fait à l'image confortable de cette similitude améliorée où nous cherchons un paresseux repos, mais... il est tout plein d'aventures, de ruptures, de scandale (27) ». D'accord. Mais justement, parler d'aventures, de ruptures, de scandales, n'est-ce pas retrouver l'histoire ? Ne remplace-t-on pas *La phénoménologie de l'esprit* par un darwinisme structuraliste ?

(26) *Anthropologie structurale II*, p. 421.

8   DE QUELQUES POLÉMIQUES

Dans une œuvre de jeunesse, *Les considérations inactuelles* (1873), Nietzsche proclamait : « Nous ne servirons l'histoire que dans la mesure où elle sert la vie, mais l'abus de l'histoire et la surestime qui en est faite sont cause que la vie se rabougrit et dégénère, phénomène dont il est aussi nécessaire que douloureux peut-être de nous rendre compte, d'après les symptômes frappants qui s'en manifestent à notre époque (1). » Et de pourfendre les universitaires de son temps masquant sous la poussière de la culture le vide de leurs esprits. Mais il reste l'histoire qui sert la vie. Si cet essai a quelque sens, on reconnaîtra que les philosophies de l'histoire, bien loin de se réduire à une série de sépulcres blanchis, affrontaient au contraire le présent. En conséquence, l'histoire « vraie », « scientifique », « objective », si elle existe, ne leur sert que de prétexte. Il ne s'agit pas tant de connaître le passé que d'explorer le temps cumulatif de l'aventure humaine pour éclairer une recherche plus générale sur les rapports de l'individu au monde, de l'homme à son temps. Ce qui intéresse Hegel dans *La phénoménologie de l'esprit* ce ne sont pas la Cité grecque, le Stoïcisme ou la Réforme, mais des figures historiques qui incarnent des étapes nécessaires du développement de la conscience, mais aussi et surtout des attitudes universelles et même « anhistoriques »

(1) Nietzsche, *Unzeitgemässe Betrachtungen*, trad. Bianquis, Aubier, p. 199.

des rapports de l'individu au monde. L'histoire sert de modèle ou de repoussoir, mais elle ne se présente jamais dans la singularité de l'événement ou de la temporalité ; elle renvoie toujours à autre chose qui lui donne sens. Croit-on que Gramsci s'intéresse au « véritable » Machiavel ? Il se demande seulement ce que signifie une certaine démystification de la politique et ceci renvoie, dans son esprit, au problème actuel de la démystification des valeurs du système pour rendre possible une lutte politique effective du prolétariat.

Donc les philosophies de l'histoire vivent sur une ambiguïté, puisqu'elles sont à la fois « grilles » pour réinterpréter le passé en fonction du présent et théorie de l'histoire actuelle, c'est-à-dire qu'elles impliquent une certaine conception de la praxis et des rapports au monde. Même Max Weber, qui a distingué si fortement le savant et le politique, ne peut se comprendre sans son refus du marxisme et sans le rôle qu'il attribue à l'éthique. Il n'existe pas de philosophie de l'histoire « neutre » et lorsqu'on pose la question : A quelles conditions peut-on repenser le passé humain ? Y a-t-il des caractéristiques du fonctionnement des sociétés ? on n'obtient pas de réponse unique parce que l'interrogation est erronée dans son principe. L'erreur des philosophies critiques de l'histoire vient de ce qu'elles ont cru qu'il suffisait de reposer la question kantienne pour obtenir une réponse délimitant réellement les conditions de possibilité de la compréhension historique. Or la question de la possibilité des jugements synthétiques *a priori* portait sur un savoir constitué (mathématiques et physique newtonienne) dont personne ne remettait en cause le contenu et la scientificité. Il s'agissait seulement de savoir comment était possible cette synthèse *a priori* qui validait les opérations du Je pense et fondait ainsi théoriquement le contenu de la science. Or lorsqu'on applique cette méthode à l'histoire, on se trouve devant un problème d'une autre ampleur, dans la mesure où les conditions de possibilité de la réflexion sur le temps humain et l'action renvoient non pas à un contenu universellement admis, mais à un contenu mouvant, changeant, discutable et inépuisable. On nous objectera sans doute que Kant a répondu à l'argument dans *La critique du Jugement* et qu'en cherchant les formes du beau et de la finalité, il a précisément échappé à notre question. Il serait donc légitime, comme l'ont tenté les philosophies critiques de l'histoire, de poser la question épistémologique des conditions de possibilité d'une réflexion sur le passé. Pour nous, la difficulté n'est levée ni par Max Weber, ni dans un autre cadre par Sartre, parce que les conditions de laboratoire ne sont pas réunies : objets non comparables entre eux, hypothèses et vérifications impossibles, expérimentation exclue. Faut-il alors affirmer, comme le fait G. G. Granger, que l'histoire restera toujours du domaine des « beaux arts » et que toute connaissance du passé, même si elle s'appuie sur des documents contrôlés, conservera une part d'interprétation irréductible (2)? Misère de l'historicisme, comme dirait Karl Popper, qui récuse toute philosophie de l'histoire parce qu'elle ne peut pas prédire (3). Certes l'histoire ne peut pas « prédire », mais elle peut au moins expliquer et donner une grille d'interprétation du présent. Et sur ce point, nous nous rangeons à l'avis de Sartre. Dans les sociétés actuelles, fondées sur la lutte des classes, l'exploitation du prolétariat, le pillage du Tiers-Monde, etc., le marxisme rend compte des réalités indépassables de notre temps. C'est dans ces perspectives que nous poserons un certain nombre de questions qui nous paraissent vitales pour l'avenir et que nous passerons en revue quelques polémiques actuelles.

MODES, LIEUX THÉORIQUES ET FORMULES

Entre l'historien de métier et le philosophe, la complicité cède le pas à l'agacement. L'historien relevant les erreurs et les généralisations rapides du philosophe, tandis que ce dernier reproche à certains historiens une boulimie intellectuelle qui leur fait accepter n'importe quelle sauce pourvu qu'elle leur permette d'intégrer en une synthèse nouvelle et astucieuse ce que les fiches ne présentaient que sous une forme sèche. Il y a séduction mutuelle et incompatibilité

(2) G. G. Granger, *Pensée formelle et sciences de l'homme.* Paris 1960, p. 206.
(3) Karl Popper, *Misère de l'historicisme*, traduc. franç. 1956.

d'humeur. Certains articles des historiens « dans le vent » et même de la sérieuse revue *Les Annales* valent bien les élucubrations réjouissantes de *Tel Quel*. On a l'impression que fascinés par la psychanalyse, la linguistique, le structuralisme, etc., ces historiens tordent une documentation immense pour la faire entrer dans les cadres préétablis d'une interdisciplinarité qui voile souvent un éclectisme vague. Or ils n'ont pas l'excuse des philosophes puisqu'ils veulent travailler « scientifiquement » sur des textes et des documents, alors que ceux-ci, on ne le sait que trop, ne vivent que de successives méconnaissances. Qui reprocherait à Kant d'avoir mal lu Descartes ? A Aristote de trahir Platon ?

Dès qu'il s'agit de discuter avec l'érudit, le point de vue du philosophe est nécessairement limité puisqu'il se place d'emblée dans un discours qui n'est pas celui des archives. Il veut saisir une totalité et la reconstruire selon ses propres concepts. Peu importe à Hegel que l'Inde réelle ne ressemble en rien à l'image qu'il en donne ; il lui suffit de la caractériser comme représentant l'étape de l'esprit étranger à soi-même et englué dans la nature. Les philosophies de l'histoire se moquent des remarques des spécialistes qui portent à faux dans la mesure où elles ignorent l'intention fondamentale de la synthèse. Autres méthodes, autres discours... Et il faut s'y résigner : malgré quelques affirmations fracassantes, nous ne sommes pas sortis des philosophies de l'histoire. Nous avons seulement déplacé les concepts et renouvelé l'approche des problèmes.

Prenons la discussion banale sur la continuité et la discontinuité. Chacun feint de la croire originale et s'imagine avoir pourfendu l'idéalisme de Brunschvicg en récusant le schéma des *Étapes de la conscience*. Étapes qui s'engendraient mutuellement, se préparaient à travers les détours d'échecs nécessaires mais réintégrés à un niveau plus élevé du développement des sciences. Sans doute plus personne n'imagine l'histoire de l'humanité scandée par les progrès de la conscience et celui des mathématiques. Ces illusions d'une bourgeoisie sûre d'elle qui cherchait une filiation entre elle et le passé ont disparu au moment où la certitude de représenter l'aboutissement du destin de l'humanité a commencé à se fissurer. Les schémas actuels sont moins affirmatifs :

ils tiennent compte des arrêts dans le progrès, des transformations brusques et des obstacles épistémologiques de toute sortes. Mais la discontinuité-dogme de certains penseurs contemporains pose plus de problèmes qu'elle n'en résoud. Elle oblige à déplacer les métaphores, mais elle ne les rend pas plus apodictiques. Que l'histoire soit conçue en termes d'espace et non plus de temps, que la configuration de l'épistémè d'une époque remplace la recherche des filiations, qu'à la *traditio perennis* on substitue la brusque constellation d'une nouvelle *Gestalt*, tout cela peut séduire, mais ne convainc pas toujours. Penser « la coupure épistémologique » était original lorsque Bachelard proposa le terme et montra dans son œuvre les restructurations qu'impliquait le Nouvel esprit scientifique né avec la relativité. Et ici, il bouleversait la vénérable tradition des idées claires et distinctes pour montrer que la science ne fonctionnait pas selon le schéma des Manuels. Mais transposer dans n'importe quel domaine ce thème de la coupure, en faire une idée passe-partout pour se dispenser d'étudier des filiations, voilà qui devient ridicule. Quant à la métamorphose de la coupure en hostie révolutionnaire, il vaut mieux ne pas en parler... La discontinuité est un des mythes de cette époque. Mythe qui tire son origine de la rapide transformation des connaissances et aussi de la nécessité pour la bourgeoisie de faire croire que tout se transforme pour justifier, au nom de la technique et des bénéfices, le gaspillage, la création de faux besoins, la mise au rebut des travailleurs usés. Invention de la société de consommation, la discontinuité-mythe perpétue la domination du système.

Bien entendu, nous ne récusons pas la discontinuité telle qu'elle a pu être utilisée dans des travaux sérieux et nous ne cherchons pas à revenir à une histoire des idées qui ne serait que le lent épanouissement de la tradition. Mais la discontinuité mythe est l'exact pendant des idéologies du progrès du XIXᵉ siècle. Autrefois on pensait la continuité pour justifier une filiation et une domination qui semblait représenter l'aboutissement de l'effort de l'humanité, aujourd'hui la discontinuité voile une des formes les plus subtiles de l'oppression idéologique actuelle. En empêchant chacun de ressaisir sa vie et sa culture dans son processus, en l'obligeant à s'éparpiller en vains recyclages, on le culpabilise assez pour qu'il intériorise ses échecs et s'exclue de soi-même de la communauté active. Aussi nous nous méfions de l'usage abusif et non contrôlé de certaines « grilles ».

Autre exemple, l'utilisation parfaitement arbitraire de la notion d'instance. Comme on le sait, le terme n'a pas de statut très précis en français. Selon Littré, il vient du latin du XIVᵉ siècle où *instantia* signifie, dans la scolastique finissante, la production d'un argument nouveau pour détruire la réponse faite à un autre argument. Dans le domaine juridique, une instance signifie soit tel ou tel type de juridiction (ex. tribunal de première instance), soit le déroulement d'une procédure (ex. introduire une instance). Depuis quelques années le mot fait fureur en philosophie où il n'y a pas de salut hors des instances et bien plus hors d'une théorie des instances. Il apparaît qu'on télescope ici plusieurs notions, en utilisant tantôt une signification héritée de la psychanalyse, tantôt la formule de Marx : l'économique est décisif « en dernière instance ». Lorsque, dans *La science des rêves*, Freud parle d'instance de la censure, il veut montrer que le fonctionnement des rêves suppose des processus de sélection qui métaphoriquement peuvent rappeler le fonctionnement des tribunaux où les juristes décident de ce qui est recevable ou non. Ici, l'instance renvoie à une topique, à une dynamique et finalement à la structure qui régit tout le système de la vie psychique dans la théorie freudienne. Mais qu'en est-il dans la littérature actuelle ? On joue sur les ambiguïtés du terme en l'assimilant tantôt à une étude des niveaux, tantôt à une hiérarchie des institutions et des diverses productions humaines, tantôt à ce qui se donne d'une manière voilée et dont il faut découvrir la situation cachée. Ainsi « produire une théorie des instances » permettrait, paraît-il, de combler le vide entre structure et superstructure, en expliquant les décalages entre l'économique et l'idéologique. On mettrait ainsi à jour, grâce à une causalité structurale et une combinatoire subtile, le fonctionnement d'un mode de production donné, en évitant de fâcheuses simplifications. Comme l'incantation qui, par une merveilleuse magie, permet de métamorphoser une situation, l'instance ou les instances sont censées résoudre toutes les difficultés. Utilisées métaphoriquement, elles signifient en langage vulgaire une classification (ex. l'instance du politique, l'instance du droit). Parfois, comme en psychanalyse, s'y ajoute l'idée de censure, de déplacement, de métonymie, de fétichisme, etc. Enfin, divine surprise, l'instance fonctionne comme le balai de la sorcière, véhicule aérien et diabolique : elle permet de remplir tous les blancs que l'analyse conceptuelle et documentaire n'avait pas fait apparaître... Dans l'encens de cette nouvelle religion, deviendra « instance » tout ce qui existe « structurellement » et qu'on cherche à hiérarchiser, combiner, organiser. D'une manière « complexe » et « dialectique », comme il se doit, tout finira par rentrer dans le puzzle, exactement comme l'âme du monde est tout entière présente en chaque chose et cependant nulle part. Si la soi-disant théorie des instances se réduit à un classement, à un emboîtement des diverses activités humaines et à l'appréciation de leur importance relative dans chaque mode de production, tout historien sérieux la pratique depuis longtemps. S'il s'agit d'une production théorique neuve, nous attendons avec impatience d'en voir les résultats.

HUMANISME ET TERREUR

L'humanisme, chacun le sait, est responsable de toutes les erreurs, de celles de Staline, du spontanéisme gauchiste, des positions « irresponsables » de Sartre. « L'homme est mort », proclamait Foucault dans *Les Mots et les choses*, et la formule fit sensation. Disons, pour être plus précis, une certaine conception de l'homme qui fit les beaux jours de la pensée bourgeoise depuis l'humanisme florentin jusqu'à l'existentialisme d'après-guerre. Pot pourri de bonnes intentions où de Teilhard de Chardin à Mounier, en passant par « l'homme le capital le plus précieux », se retrouvaient les plus vieux discours sur le dialogue, l'action, la liberté et la lutte contre l'oppression. Il n'est pas étonnant, dans ces conditions, que l'irruption des structuralismes, la mode de « l'épistémologie », les interprétations « structuralo-marxistes » ou « lacano-freudiennes » aient paru à toute une génération comme une libération de la métaphysique et du moralisme ambiant. Finis les bons sentiments. On parlait enfin de science. Et comme toujours, le philosophe profane, en ce domaine, était fasciné. On admettait une fois pour toutes que l'économie, la linguistique et la psychanalyse étaient des « sciences » au même titre que les mathématiques ou la physique. Le matérialisme historique avait fondé une théorie des rapports sociaux, la linguistique une théorie des systèmes signifiants et la psychanalyse une théorie de l'inconscient. « Ça » parlait, « ça » combinait, « ça » signifiait, « ça » fonctionnait. Au grand vent de la théorie, l'historicisme allié à l'humanisme était balayé. Que Mai 68 ait bousculé ces confortables recherches de laboratoire en montrant que justement « ça » ne fonctionnait pas comme prévu, n'a pas empêché le triomphe paradoxal de ces idéologies pendant quelques années. Assoupies dans un éternel ressassement de la tradition, les Facultés se sont mises au goût du jour et ont découvert avec vingt ans de retard — alors qu'ils étaient contestés à l'étranger — les structuralismes. Et ce fut l'extraordinaire vogue que l'on sait. Le terrorisme « épistémologique » battait son plein et nul n'oubliait dans sa pratique théorique de produire des concepts qui du *Gedankenkonkretum* à la *Gliederung*, promettaient monts et merveilles. Entre-temps, tout rentrait dans l'ordre et les mandarins grands et petits, se renvoyant la balle, vantaient dans les revues dans le vent leurs découvertes « inouïes ». Il est sans doute temps de faire le point.

A cet égard, la polémique Sartre/Lévi-Strauss est exemplaire, parce que poussée à l'extrême comme elle le fut dans certains textes, elle montre l'incompatibilité entre le structuralisme et l'existentialisme, mais elle déploie aussi deux modes hétérogènes d'appréhension de l'activité humaine. Sartre a proclamé sa position : il accorde tout ce qu'on veut aux structures, mais il ne s'intéresse qu'à ce que l'homme fait des stuctures. Pour lui, importent d'abord les moments « chauds », les transformations, l'activité. Lévi-Strauss a répliqué en classant sa philosophie parmi les mythologies de notre temps que les ethnologues futurs auront à étudier. Ce dialogue se poursuit sur un terrain qui aurait pourtant dû réunir les deux hommes. Tous deux savent les insuffisances de la raison analytique et tous deux sont favorables à une raison dialectique. Enfin, il se disent proches du marxisme. Mais les mots ne recouvrent pas les mêmes réalités. Si, pour Lévi-Strauss, la pensée sauvage est totalisante, comme toute pensée d'ailleurs, il se sépare de Sartre lorsqu'il s'agit de définir le clivage entre les deux raisons. Il reproche, avec justesse, à l'auteur de *La critique de la raison dialectique* de ne pas avoir précisé clairement sa position : ou bien raison dialectique et raison analytique s'opposent comme la vérité et l'erreur, mais alors on disqualifie la science. Ou bien les deux raisons sont complémentaires et on ne voit pas pourquoi l'on proclamerait la supériorité de l'une sur l'autre. La solution de Lévi-Strauss reste prudente et, selon nous, peu convaincante. Pour lui, la raison dialectique représente une « passerelle », un « effort pour se surpasser », « une réforme de l'entendement » qui ne prend sens que par l'impossibilité actuelle où nous nous trouvons de comprendre la vie. D'où : la raison dialectique « n'est pas autre chose que la raison analytique et ce sur quoi se fonderait l'originalité absolue d'un ordre humain, mais quelque chose en plus de la raison analytique : sa condition requise, pour qu'elle ose entreprendre la résolution de l'humain en non humain (4) ». Et c'est ici qu'éclate la différence : « le but dernier des sciences de l'homme n'est pas de constituer l'homme, mais de le dissoudre (5) ». Parole iconoclaste pour un existentialiste, mais qui se comprend fort bien dans le contexte de l'entreprise de Lévi-Strauss. Si le but des sciences de l'homme est « de réintégrer la culture dans la nature et finalement la vie, dans l'ensemble de ses conditions physico-chimiques (6) », il est clair qu'il n'existe pas de privilège du monde humain, de l'action ou de l'histoire. Ce matérialisme rigoureux, qui fait parfois penser à certaines pages d'Engels dans *La dialectique de la nature*, ne peut reconnaître la spécificité qu'attribue Sartre à l'action. Et de l'accuser d'égocentrisme et de naïveté : « Qui commence par s'installer dans les prétendus évidences du moi n'en sort plus (7). » Plus sauvage que le plus primitif des sauvages, Sartre s'enferme dans le monde

(4) *La pensée sauvage*, p. 326.
(5) *Id.*, p. 326.
(6) *Id.*, p. 327.
(7) *Id.*, p. 329.

clos de sa société et ressasse indéfiniment sa question : « A quelles conditions le mythe de la Révolution française fut-il possible ? (8) » On ne se bat pas à fleuret moucheté dans la république des lettres...

Une fois dépassé le plaisir bête et méchant de compter les coups, on s'interroge. Car Sartre ne parle pas de la même chose que Lévi-Strauss et son projet diffère totalement. L'ethnologie cherche à dégager des invariants, l'histoire travaille, qu'on le veuille ou non, sur des différences. Rien n'est plus affligeant que l'histoire qui réduit tout à du même répétant du même (ce qui est le cas fréquent d'une certaine critique universitaire, particulièrement en histoire des idées). Le débat synchronie-diachronie reste mal posé tant qu'on oppose platement des phénomènes synchroniques qui fonctionneraient comme des systèmes ayant leur propre combinatoire et une diachronie assimilée à une genèse où tout s'engendrerait selon un modèle hégélien. Si l'on veut sortir de ces querelles, il faut admettre non seulement que la synchronie est structurée, mais que la diachronie ne peut faire apparaître des différences que parce que, au sein du système, il y a des éléments en déséquilibre qui sont perpétuellement en voie de remaniement, de transformations ou de contradictions. Et le prix de l'analyse marxiste vient justement de ce qu'elle permet de saisir les divers types de contradictions, tout en essayant de formuler une théorie pour hiérarchiser leur jeu réciproque selon le niveau considéré. Un historien du mouvement ouvrier n'utilise pas la lutte des classes de la même manière qu'un historien de la philosophie. Dans ce domaine, l'économique n'apparaît que d'une manière voilée et on est bien éloigné d'une théorie satisfaisante des idéologies (en supposant que cela soit possible). En essayant de débloquer le marxisme figé des années de l'après-guerre, Sartre a compris qu'il fallait poser des problèmes actuels et refuser de s'enfermer dans une lecture scolastique des textes. Pour lui, le marxisme se pense dans le futur, dans une perspective révolutionnaire et peu lui importe finalement la lettre de l'œuvre de Marx. C'est pourquoi la polémique avec Lévi-Strauss porte à

(8) *Id.*, p. 336.

faux. Pour l'ethnologue, les permanences priment puisqu'il n'étudie que des systèmes d'échanges ou des mythes qui se sont perpétués à travers les âges. En revanche, dans les sociétés « chaudes » qu'analyse Sartre, les différences deviennent significatives et donnent au projet révolutionnaire sa crédibilité. Et qu'importe à Sartre que sa philosophie soit un mythe pour l'ethnologue futur si elle permet aujourd'hui de poser quelques-uns de nos problèmes. C'est pourquoi, à notre avis, cette bataille de l'homme est mal engagée de part et d'autre. Car voilà des penseurs athées, matérialistes, marxistes ou marxisants qui se disputent sur le sexe des anges... Qu'en définitive tout se réduise à de la matière et du vide, on l'accordera sans difficulté. Qu'il faille détruire l'humanisme classique, camouflage facile de toutes les oppressions, qui en douterait ? Mais que les sciences dites humaines aboutissent nécessairement, comme le soutient Lévi-Strauss, à réintégrer la culture dans la nature et l'homme dans le physico-chimique, on peut en discuter. Qu'est-ce qui justifie cette inversion de sens et qu'est ce qui garantit qu'on progressera ainsi ? On peut d'ailleurs se demander si la linguistique ne joue pas actuellement le rôle de la théologie d'autrefois : *fides quarens intellectum*, et il serait urgent de s'interroger sur la place qu'on accorde « à l'arbitraire du signe ». N'est-ce pas un moyen trop commode d'éviter les problèmes de contenu et de tout réduire à des combinatoires ? Et finalement d'éviter l'histoire ? Non pas celle du passé, mais la nôtre.

ET « LE PROCESSUS SANS SUJET » ?

La dernière en date des œuvres d'Althusser : *Réponse à John Lewis* (1973), étonnerait si la renommée de son auteur et son influence n'obligeaient à la prendre au sérieux. Vers 1960, par quelques articles rares mais importants, Althusser remit en cause les interprétations ressassées du marxisme. Son style, son art de la démonstration, son assurance tranchaient agréablement sur les ternes montages de citations dans lesquels se maintenaient, par nécessité, les pesants pavés de la période où saint Joseph Staline inspirait l'alpha et l'oméga de la doctrine. Enfin, le XXᵉ congrès avait eu lieu. Enfin le dégel arrivait et il était permis d'être philosophe et marxiste. Au cours des années le projet se précisa : fini le jeune Marx et l'aliénation. Renvoyés à leurs jésuitières, nos bons Pères qui voulaient concilier Marx et l'humanisme chrétien. Trucidés les *Manuscrits de 44*. Il fallait lire *le Capital* et surtout la *Préface à la Contribution*. A vos dictionnaires, germanistes, pour retraduire correctement les textes. Enfin vint l'accouchement : la philosophie comme pratique théorique, la coupure, *Lénine et la philosophie*, etc. D'exposés en auto-critiques, de thèses avancées en thèses abandonnées, le dessein se précisait : débarrasser le marxisme de l'humanisme et affirmer sa scientificité. Ceux qui avaient connu le stalinisme s'inquiétaient. Ne voyait-on pas resurgir, sous une forme sophistiquée et péremptoire, l'essentiel de la période antérieure ? Le brio conceptuel ne voilait-il pas cette vieille tentation du marxisme de s'ériger en seule vérité en face de toutes les autres formes de recherches ? Ce refus de penser le réel et de voiler sous le masque de la théorie des opérations politiques inavouables ? Ce que le séminariste de Tiflis avait mis péniblement en formules scolastiques (l'idéalisme dit... le matérialisme dialectique dit), le nouveau penseur, maniant la subtilité alexandrine et le couperet révolutionnaire, l'exprimait en ingénieuses formules. « Lutte des classes dans la théorie », la philosophie reprenait du poil de la bête. Additionnée d'un zeste de Mao (contradictions et antagonismes), d'un zeste de Lacan-Freud (surdétermination), d'un peu d'épistémologie bachelardienne, elle redevenait prête à jouer son véritable rôle, dévoiler l'erreur là où elle se cachait. A nous, la PSS (philosophie spontanée du savant) et ce qui nous intéresse ici, l' « historicisme » de John Lewis (9).

Commençons par l'obsession d'Althusser, l'humanisme. Erreur théorique du mouvement ouvrier, l'humanisme

(9) Je n'aborde pas, ici, l'aspect sociologique du succès de l'althussérisme, en France et à l'étranger. J'y verrai deux raisons pour ma part : l'impuissance des intellectuels (et de la gauche) pendant la période gaulliste (d'où déviation théoriciste), l'abâtardissement de la pensée marxiste officielle (d'où le succès d'un retour au « concept »).

associé à l'économisme caractériserait le stalinisme, héritier de la Seconde Internationale. L' « humanisme », sans doute, pour tous ceux qui sont morts dans les camps, ont été torturés puis fusillés lors des Grands Procès. L' « économisme », sans doute, pour tous ceux qui, dans des conditions difficiles, ont construit l'industrie lourde, réalisé les plans quinquennaux et permis (faut-il le rappeler ?) à l'U. R. S. S. de vaincre Hitler. On en rirait si ce n'était atroce. Et ce tour de passe-passe théorique qui, vingt ans après, prétend dégager en une *Note sur la critique du culte de la personnalité* la véritable nature du stalinisme, frise, dans sa désinvolture, l'inconscience. En attendant l'ouverture des archives, mieux vaudrait se reporter aux œuvres de Trotsky, Djilas ou autres pour entrevoir provisoirement quelques vérités. Mais comme toujours la « théorie » suffit et l'événement sert de prétexte. Venons-en à l'histoire, qu'Althusser sous prétexte de réfuter — et avec quelle morgue — John Lewis, va exposer sous forme de trois thèse. 1) Les masses font l'histoire. 2) La lutte des classes est le moteur de l'histoire. 3) L'histoire est un procès sans sujet. Passons à l'exégèse. Par masses, il faut entendre « les classes, couches et catégories exploitées, groupées autour de la classe exploitée capable de les unir et de les mettre en mouvement contre les classes dominantes détenant le pouvoir d'État (10) ». Définition classique, exactement comme le rappel de l'opposition entre Réformistes qui mettent au premier plan l'existence de classes et les Révolutionnaires qui insistent sur la lutte. Et on arrive alors au point fondamental : « l'histoire est un procès sans sujet ». Quel est l'enjeu ? Détruire l'idéalisme petit-bourgeois qui, sous le couvert du marxisme humaniste de John Lewis, affirme que « l'homme fait l'histoire ». « L'homme », formule malheureuse, mais enfin, elle est souvent utilisée par Marx pour simplifier, et personne n'ignore qu'il s'agit d'hommes dans des conditions déterminées. Le verbe « faire » est, paraît-il, incompréhensible. On sait ce que veut dire « faire une chaise » pour un menuisier, mais que signifie « faire l'histoire »? Mystère qu'Althusser remplace par la « matérialité de la lutte des

(10) Althusser, *Réponse à John Lewis*, p. 25.

classes », c'est-à-dire « en dernière instance l'unité des rapports de production et des forces productives sous les rapports de production d'un mode de production donné, dans une formation sociale historique concrète (11). » Ce qui permet de conclure qu'il n'y a plus de sujet de l'histoire et seulement « un procès sans sujet ». « L'histoire est un immense système naturel-humain en mouvement dont le moteur est la lutte des classes (12). » Et on renvoie le sujet de l'histoire à l'idéologie bourgeoise. A première vue, argumentation serrée et péremptoire. Nous sommes débarrassés de l'homme, du sujet de l'histoire, du verbe « faire ».

En y regardant de plus près, de nombreuses questions se posent. D'abord, que signifie réellement l'idée d'un « procès sans sujet »? La notion conviendrait aussi bien à l'évolution en général ou à la fuite des galaxies. Qu'est-ce qu'un système « naturel-humain »? Peut-on définir toute l'histoire par la lutte des classes? Celle-ci est-elle valable pour les sociétés antiques? Ou pour les futures sociétés communistes? Reste enfin la notion de « moteur » qui manque pour le moins de précision et sent fâcheusement l'idéologie du XIXe siècle (13). Tout ceci nous laisse sur notre faim, d'autant plus que le prix des analyses marxistes vient de leur capacité à proposer des études neuves des systèmes économiques, juridiques ou idéologiques dans des conditions données. A trop privilégier la théorie on se retrouve au septième ciel de concepts tellement larges qu'ils n'ont plus aucun contenu. Althusser a abandonné son ancienne conception de la philosophie comme « théorie de la pratique théorique » et l'a remplacée par « la philosophie est en dernière instance lutte des classes dans la théorie » (14). Ce qui lui permet de se débarrasser du fétichisme de l'homme. Mais à ne parler que de moteur et de processus, on s'engage dans une voie qui ressemble singulièrement

(11) *Réponse à J. Lewis*, p. 30.
(12) *Id.*, p. 31
(13) Les critiques de la notion de « moteur » faites par R. Aron ou par P. Veynes ne nous paraissent pas décisives — surtout celle de Veynes qui s'appuie un peu trop sur le schéma aristotélicien (acte-puissance). Mais la notion de « combinatoire » si à la mode chez les althussériens s'accorderait peut-être mieux d'un modèle cybernétique. Simple suggestion...
(14) *Réponse à J. Lewis*, p. 56.

aux plus belles abstractions hégéliennes. Témoin, ce texte où Althusser nous explique que platoniciens et néo-platoniciens « avaient un besoin vital de la transcendance pour construire leur théologie philosophique ou religieuse, et cette théologie était alors la philosophie officielle de l'État esclavagiste. Plus tard, au Moyen Age, les théologiens augustiniens et thomistes ont repris la catégorie de transcendance dans des systèmes qui servaient les intérêts de l'Église et de l'État féodal (l'Église : appareil d'État et appareil idéologique d'État n° 1 de l'État féodal). Faut-il commenter (15) ? » De qui se moque-t-on ? Si cette théorie « scientifique » de l'histoire aboutit à des simplifications encore plus exorbitantes que celles de la *Phénoménologie de l'esprit*, elle doit être renvoyée à ce qu'elle est : le comble de l'idéologie. Quand et où le platonisme fut-il une philosophie officielle ? De quel État esclavagiste ? Qu'est-ce que l'État féodal ? Peut-on parler d'État à cette époque ? L'Église était-elle l'appareil idéologique n° 1 de l'État féodal ? Lequel ? Rome ou le Saint-Empire ? Qui connaît seulement un peu les luttes terribles du Moyen Age entre les diverses fractions de l'Église, les divers intérêts, etc., ne peut accepter ces « visions ». Qui a lu Dante et qui se souvient comment il répartit amis et ennemis au Paradis ou en Enfer devrait se méfier, et éviter cette pacotille. Mais il faudrait descendre du piédestal théorique et s'occuper un peu plus du contenu réel de l'histoire de la philosophie, au lieu de s'accrocher à des mots. « En proposant la catégorie de « procès sans Sujet ni Fin (s) », nous traçons donc « une ligne de démarcation » entre les positions matérialistes dialectiques et les positions idéalistes bourgeoises et petites bourgeoises (16). » Quelle preuve! Et voilà comment le serpent se mord la queue : il n'y a qu'une seule « science » l'histoire et justement la méthode interdit de la pratiquer. A force de croire que le marxisme doit produire des « objets théoriques », on confond les thèses avancées par un cerveau fertile avec des contenus qui ne se laissent pas saisir par un simple recours à la pratique théorique. L'histoire résiste.

(15) *Réponse à John Lewis*, p. 21-22.
(16) *Id.*, p. 74.

Dans un article excellent, « Histoire marxiste, histoire en construction », Pierre Vilar a bien montré les défauts de cette théorie de l'histoire : verbalisme, concepts importés d'ailleurs, simplification, méconnaissance des travaux actuels et de leurs résultats, aucun contact avec la recherche. « Science et théorie souffrent aujourd'hui des mots. Elle en inventent d'ésotériques pour des notions qui ne le sont pas ; et elles donnent des noms familiers à des contenus ésotériques (17). » Et de critiquer ces pseudo-concepts nouveaux qui fonctionnent comme les marques de lessive : « le commerce de l'histoire a ceci de commun avec le commerce des marques de détergents que l'on y fait volontiers passer la nouveauté pour l'innovation (18) ». C'est bien notre avis, mais les malheurs du temps veulent que le nombre des croyants soit élevé.

John Lewis sert d'ailleurs seulement de prétexte. Toute la réponse d'Althusser vise Sartre, penseur « pré-marxiste », qui s'en tient « à une vulgaire psycho-sociologie philosophique » et à l'idée d'une liberté originaire héritée de l'idéalisme de la période de *l'Être et le Néant*. C'est méconnaître une évolution et surtout un effort pour repenser le rapport des structures et de l'action. Dès 1966, Sartre avait répondu dans *l'Arc* que pour lui, la notion de sujet était dépassée depuis longtemps et qu'il admettait tous les « décentrements » possibles. Mais il restait tout de même à se demander pourquoi dans des rapports de production déterminés, des hommes agissaient avec plus ou moins de succès. Et il précisait : « Il y a sujet ou subjectivité, si vous préférez, dès l'instant où il y a effort pour dépasser en la conservant la situation donnée. Le vrai problème est celui de ce dépassement (19). » Sur cette possibilité de totalisation, de reprise, se fonde pour lui l'histoire. « Ce qu'on a fait de l'homme ce sont les structures, les ensembles signifiants qu'étudient les sciences humaines. Ce qu'il fait, c'est l'histoire elle-même, le dépassement réel de ces structures dans une praxis

(17) *Faire de l'histoire*, T. I, p. 183. Recueil collectif en trois tomes, sous la direction de J. Le Goff et P. Nora. Paris 1974.
(18) *Id.*, p. 169.
(19) *L'Arc*, n° 30, 1966, p. 93.

totalisatrice (20). » Autant dire que l'histoire commence là où s'arrêtent les sciences de l'homme, c'est-à-dire qu'elle parle de mouvement et qu'elle travaille dans le désordre. « L'histoire, ce n'est pas l'ordre. C'est le désordre. Disons un désordre rationnel. Au moment même où elle maintient l'ordre, c'est-à-dire la structure, l'histoire est déjà en train de la défaire (21). » En réfléchissant sur une praxis écartelée entre la retombée dans le pratico-inerte et l'action constitutive, Sartre insiste évidemment sur l'aspect dynamique du procès. Il ne méconnaît pas ces longues durées qui scandent les mouvements profonds des civilisations, mais en révolutionnaire, il songe à l'essentiel : qu'est ce qui a permis, à un moment ou à un autre, ce *take off* qui bouleverse une civilisation ou des rapports de forces. En ce sens l'idée d'un « procès sans sujet » lui paraît aberrante.

VIOLENCE, RARETÉ ET LIBÉRALISME

Il est piquant de constater que le seul livre sérieux consacré à *La critique de la raison dialectique*, en France, soit dû à Raymond Aron, *Histoire et dialectique de la violence* (1973). Si la polémique engagée par Lévi-Strauss avait fait couler beaucoup d'encre, personne, semble-t-il, ne s'était donné la peine d'analyser l'œuvre sartrienne et de la discuter points par points. Avec sa clarté habituelle, son art de dégager l'essentiel, R. Aron essaie de comprendre ce livre qui l'a d'abord beaucoup horripilé et qui, pourtant, le fascine dans une certaine mesure. Premier tome de ce qui sera sa propre critique de la raison historique, ce texte replace le discours sartrien dans une tradition classique, tout en récusant ses postulats fondamentaux et son adhésion au marxisme gauchiste. D'où l'aspect paradoxal de cette lecture : exacte dans la forme chaque fois qu'elle résume, elle dévie nécessairement vers d'autres perspectives chaque fois qu'elle revient à ses propres implications. Entre le libéralisme lucide de R. Aron et le gauchisme de Sartre, il n'y a guère de

(20) *Id.*, p. 95.
(21) *Id.*, p. 90.

rapports, sinon une formation philosophique commune et des expériences politiques semblables interprétées selon des critères radicalement opposés.

Raymond Aron fait deux types de reproches à Sartre. Les premiers sont d'ordre philosophique et portent sur la théorie de la compréhension ; les seconds, plus épidermiques, à notre avis, opposent deux conceptions du monde, c'est-à-dire deux idées de la liberté et de la violence. « La tentative sartrienne telle que je l'interprète, apparaît comme une transfiguration ontologique de ce que les psychiatres et les historiens allemands présentent comme un mode spécifique d'appréhension de la réalité humaine (22). » En somme, autant les philosophies de la compréhension comme celles de Dilthey ou de Max Weber paraissent légitimes à R. Aron, autant leur transposition dans le cadre du marxisme lui semble présenter « des difficultés probablement insurmontables ». Le débat porte une fois de plus sur les rapports de la raison analytique et de la raison dialectique où l'auteur relève les mêmes ambiguïtés qu'avait déjà soulignées Lévi-Strauss : récusation du mode d'explication scientifique au profit d'une raison dialectique dont le fondement n'est pas clair puisqu'il apparaît tantôt sous la forme de la négation, tantôt sous la forme d'un processus de totalisation. Or cette raison dialectique se transforme chez Sartre en ontologie dialectique dans la mesure où la raison dialectique implique, selon R. Aron, une ontologie dialectique s'appuyant sur l'idée de négation et de contradiction, ou du moins « sur la possibilité permanente de vivre historiquement les ruptures (23) ». Ruptures qui expliquent à chaque niveau le fait que la praxis totalise diverses formes d'altérité depuis la violence originelle jusqu'aux activités les plus hétérogènes. Fidèle à l'idée d'une raison critique, semblable à celle qu'avaient élaborée les auteurs étudiés dans sa thèse, R. Aron ne peut guère être favorable à la raison dialectique et à la totalisation. S'agit-il d'une totalisation qui exprime la totalisation d'un point de vue (p. 200), ou d'une totalisation complète (p. 201)? Les propos de

---

(22) R. Aron, *Histoire et dialectique de la violence*, p. 194.
(23) *Id.*, p. 103.

Sartre peuvent prêter à confusion, puisqu'il s'agit tantôt d'une histoire reprise par un homme en situation selon ses propres perspectives, tantôt de l'exigence d'un sens plus large de toute une époque. Mais Sartre répondrait sans doute que les totalisations opèrent à tous les niveaux et que la réflexion qu'il propose n'engage que notre époque : celle où le marxisme est encore vivant, parce que la lutte de classes et les rapports de production déterminent le système dans lequel nous vivons. Évidemment R. Aron récuse cette interprétation, dans la mesure où le marxisme reste pour lui une philosophie du XIXᵉ siècle.

Sur cette objection, vient s'articuler une série de critiques concernant les privilèges accordé par Sartre à la violence et à la révolution. Sans doute n'est-il pas difficile de trouver de nombreux textes politiques erronés de Sartre. Mais est-il possible de rattacher à *L'Être et le Néant* les analyses actuelles ? La révolution est-elle un nouvel avatar du pour-soi et le pratico-inerte une nouvelle forme de nausée ? Que des thèmes ressurgissent et s'entrelacent dans de nouvelles combinaisons, cela ne semble pas étonnant. Il y a toujours eu chez Sartre cette opposition de l'englement et du décollement, cette appréhension de la réification, que ce soit par l'œil d'autrui ou par le pratico-inerte et ces gais lendemains de manifestation ou d'amour. Mais, à partir de *La Raison dialectique*, le ton change. Le philosophe n'appréhende plus son rapport au monde à partir d'une subjectivité (fût-elle médiée par autrui), mais à partir de situations collectives où les rapports au monde se vivent en termes de rareté ou de violence. Que cette théorie semble à R. Aron une robinsonnade, nous le comprenons bien d'après ses propres positions. Il ne récuse pas la violence, mais il la considère comme un moyen par lequel une société réalise ses buts, tandis que pour Sartre, la rareté fonde la violence. Sans doute s'agit-il d'hypothèses, mais depuis Rousseau, nous avons l'habitude de ces discours sur l'origine qui ne sont que des discours sur le présent... R. Aron croit au changement dans la continuité, Sartre s'indignera toujours que chaque société choisisse ses morts et accepte passivement cette violence primordiale qu'impose la rareté. Mais paradoxalement, R. Aron serait plus proche de Sartre que ne le sont Lévi-Strauss ou Althusser, parce qu'il ne croit pas à la toute-puissance des structures et parce qu'il essaie d'insérer l'action à l'intérieur de possibles. « L'acteur historique... observe, juge, réforme : il ne convertit ni les hommes, ni les sociétés. Attitude réformiste qui n'exclut pas, dans certains cas, le choix révolutionnaire : si une classe dirigeante s'est révélée incapable d'assurer l'ordre et le progrès, pour reprendre des concepts d'Auguste Comte, le choix de la Révolution ne contredit pas la politique de l'entendement (24). » Cependant, une frontière infranchissable subsiste entre les deux penseurs. R. Aron appelle « ordre » et « progrès » ce que Sartre appelle « désordre du système », « oppression » et « contradiction ». A la violence camouflée en harmonie, il répond par la violence assumée.

Pour l'instant, *La critique de la raison dialectique* reste marginale en France parce qu'elle heurte deux tabous : la « scientificité » dans laquelle est embaumé le marxisme, le libéralisme et la « neutralité scientifique » sur lesquels s'appuie ce qui reste de l'université traditionnelle. Du côté de ceux qui devraient être proches de sa pensée, Sartre est coincé entre « le processus sans sujet » et « la mort de l'homme », entre les divers avatars du structuralisme et des subversions dont on ne sait où elles vont (et si elles subvertissent quelque chose qu'il n'ait pas déjà subverti depuis longtemps). Son œuvre échappe à la lecture style gadget. Impossible de le saisir, de remonter des concepts mécaniquement, d'emprunter des thèses et de bricoler le tout sur des à peu près de pacotille. Voyez donc le *Flaubert*, et voyez comment Sartre manie l'histoire dans le troisième tome (25). Les esprits chagrins y trouveront des erreurs, mais nous autres philosophes, écœurés par tant de simplifications historiques prises pour de la théorie, pour une fois nous soupirons d'aise. Enfin un théoricien qui sait lire des textes, les décortiquer et essayer de les penser dans leur spécificité (et non pas dans un moule). Finalement, nous retiendrons un double aspect de la pensée de Sartre, qui, à notre avis, fait son prix : 1) Un effort pour repenser le marxisme après le

(24) *Histoire et dialectique de la violence*, p. 240.
(25) Sartre, *Flaubert — L'Idiot de la famille*, 3 vol., 1971-1973.

XXᵉ Congrès, en démystifiant ce qui doit être abandonné (et que le stalinisme avait soigneusement caché). En même temps, une tentative de reconstruction des formes de praxis à travers l'histoire, qui constitue une anthropologie originale (même si elle est discutable). 2) Un travail d'historien-théoricien qui récuse les magiques vertus du « fil rouge » et essaie d'inventer dans chaque cas les explications et les concepts pertinents.

CONCLUSION

« Vous n'avez jamais parlé au temps », dit quelque part un personnage de Lewis Caroll. Les philosophes de l'histoire disent exactement le contraire : pour eux, le penseur parle au temps et il a quelque chose à en apprendre. Au cours de cet essai, nous avons vu ce phénomène étonnant se développer selon divers plans. De Hegel à Sartre, nous avons rencontré des théoriciens pour lesquels l'histoire est ce lieu privilégié où se noue la réflexion sur l'homme. Peu importe ici qu'il s'agisse de raison universelle ou d'anthropologie. Pour ce type de philosophe, le rapport de l'homme au monde ne passe pas par la physique ou l'éthique, mais par l'histoire considérée comme un milieu proprement humain qu'il faut comprendre sous peine de manquer l'essentiel. Entre les philosophies nées au XIXe siècle et la tradition, la nature disparaît comme concept-clé. L'*homo universalis* fait place à cet être de chair et de violence qui se transforme à travers les époques ; la morale devient un appendice, le salut est remplacé par la révolution ou du moins par une société transformée. Mais on ne retrouve pas pour autant la Cité de Dieu qu'imaginait saint Augustin. La théologie est expulsée de ce nouveau type de réflexion parce que désormais, l'individu se produit soi-même à travers des contradictions, sans recours à une finalité dans un au-delà. A la disparition de l'essence a répondu en écho la praxis.

De la grandeur et de l'échec de Hegel, la pensée contemporaine s'est mal remise. Qu'à la dialectique du Maître et de l'Esclave corresponde vingt ans après la classe universelle des fonctionnaires et l'apologie de l'État, voilà qui choquait tous ceux pour qui l'histoire ne se confondait pas avec le « réel » et le « rationnel ». La bourgeoisie triomphante transformée en servante du rationnel, tandis que la Révolution s'assoupissait dans l'ordre européen ne pouvait que dégoûter les disciples. En plaçant au premier plan le prolétariat, Marx annonce le déclin de ces philosophies universelles qui imaginaient l'histoire comme une lente montée de l'Esprit. Désormais, la contradiction n'était plus une détermination interne propre à chaque moment, mais elle prenait sa forme objective et concrète dans la lutte des classes et les rapports de production. Du même coup, l'histoire ne se présentait plus selon les mêmes schèmes. Ne débouchant plus sur une recollection totalisante des mouvements antérieurs, elle ne cherchait plus à s'affirmer comme une compréhension de l'antérieur, mais comme un instrument théorique pour saisir le monde et le transformer. *Res Gestae* contre Révolution...

Le statut de l'histoire se transforme pour le penseur. Peu importe finalement le passé et les aventures de la conscience. L'histoire doit devenir « opérationnelle », c'est-à-dire qu'elle doit se transformer en « science » pour permettre de décrypter le monde contemporain et le bouleverser. Pour la première fois, le philosophe sort de son point de vue purement théorique : inversion décisive, puisqu'en ce lieu de violence et d'oppression, il ne fallait plus chercher après coup une rationalité ignorée, mais inventer les moyens de sortir du drame. De subie, l'histoire se transformait en arme. Alors se profilaient d'autres rapports de l'homme au monde. Hegel l'avait pressenti, mais il avait abandonné l'idée en route. S'il avait compris que la *Bildung* implique non seulement un apprentissage de l'individu, mais aussi une transformation des techniques, de l'économique et du politique, il n'en n'avait pas tiré toutes les conséquences. Dans *La phénoménologie* l'Esclave devenait à travers un long processus la vérité du Maître, mais dans *La philosophie du Droit*, la petite bourgeoisie appelée classe universelle n'avait plus d'autre rôle que d'organiser la bureaucratie d'une société enfin délivrée de ses contradictions. L'impact révolutionnaire des œuvres de jeunesse se perdait dans les projets de réconciliation de Berlin.

Marx avait compris la leçon. Passé d'une critique intellectuelle de l'hégélianisme à une conceptualisation théorique du fonctionnement du capitalisme, il débouchait sur la science d'un côté, sur l'action de l'autre. Le temps ne se saisissait plus comme réflexion sur le passé, mais comme une épreuve de la théorie, c'est-à-dire comme ce lieu concret où elle s'éprouvait dans la lutte des masses. La chouette de Minerve ne se levait plus au crépuscule, mais ici et maintenant, il y avait des décisions à prendre. On sait les difficultés. Le lien entre science et praxis devait dominer toutes les dicussions. Aucun marxiste ne remettait fondamentalement en cause l'analyse générale du système capitaliste. Mais devant les erreurs de la Seconde Internationale, Lukàcs tout comme Gramsci étaient amenés à s'interroger sur les conditions d'une praxis efficace. Ainsi sont nées les analyses de Lukàcs sur la conscience possible, celles de Gramsci sur l'intellectuel organique. Dans les deux cas, les problèmes de la praxis devenaient décisifs, puisqu'il fallait rendre compte des retards de l'action des masses, retards que l'économisme était bien incapable d'expliquer. On était renvoyé d'une histoire « science » à une praxis à explorer.

Le problème se compliqua le jour où il fallut bien admettre que l'évolution des pays socialistes posait des problèmes que la théorie n'avait pas prévus : dogmatisme, bureaucratie, modèle de société, etc. Ainsi se justifie la tentative de Sartre. Conserver le marxisme « comme philosophie indépassable de notre temps », mais aussi retourner aux problèmes de fondements, en constituant une anthropologie. On cria au scandale : la sacro-sainte « science » de l'histoire se trouvait de nouveau encadrée par une philosophie qui malgré son matérialisme débouchait sur des analyses plus vastes. Avec Sartre, la boucle est bouclée. Le marxisme n'est pas récusé dans son domaine propre — la description du fonctionnement du capitalisme — mais il se voit prolongé par toute une théorie de l'activité où le pratico-inerte et le groupe en fusion s'imposent comme deux moments privilégiés. Pour certains, l'impasse de ce type de réflexion était évident et il fallait à tout prix arracher le marxisme à la phénoménologie pour le rendre à la science.

Nous avons assez dit les ambiguïtés de ce terme dans la pensée contemporaine, et surtout lorsqu'il s'agit des sciences humaines. Les théories de l'histoire lorsqu'elles parlent de science hésitent entre le sens hégélien et le sens technique du terme ; en jouant continuellement sur les deux aspects, elles se promènent allégrement d'une affirmation à une autre sans jamais analyser les limites de validité de leurs affirmations. Marx, il faut bien le dire, est en partie responsable de cette regrettable ambivalence. S'il critique fort justement l'idéalisme hégélien, il laisse constamment planer le doute sur sa conception de la science. A plusieurs reprises, il est affirmé que la conception scientifique de l'histoire se réduit à la lutte des classes, plus à la théorie des modes de production, et qu'en « dernière instance » l'économique domine tout. Mais comment définir ce concept marxiste de « science » et de « science de l'histoire »? S'agit-il des classes? On connaît les deux principales, mais on sait que toute analyse concrète (cf. *Le XVIII Brumaire*) fait intervenir des notions bien plus complexes, telle celle de couche sociale. S'agit-il des modes de production et des rapports qui y correspondent? Vu de très haut, tout marche admirablement, mais dans le détail que de difficultés. Il suffit de mentionner les discussions actuelles des divers courants marxistes sur les caractéristiques contemporaines du capitalisme... On pourrait multiplier les questions. Ce n'est pas notre but.

Bien souvent, on retrouve chez les marxistes la définition hégélienne de la science : est science toute théorie du savoir capable de déterminer ses concepts et de construire ses objets théoriques (Althusser dirait qu'il faut construire l'objet théorique histoire). Or cette définition est purement philosophique et rien ne garantit que l'imagination fertile du penseur ne déroulera pas d'une manière « vraisemblable » des concepts s'engendrant fort logiquement. On objectera que Marx ajoute le critère de la praxis qui fournit l'épreuve *in concreto* de la justesse de la théorie. Par là, Marx éviterait l'hégélianisme. Tout est parfait, sauf un point. Comment affirmer que cette épreuve du réel est plus « scientifique »

que la physique aristotélicienne qui expliquait valablement le monde sub-lunaire et permettait d'y agir relativement efficacement ? Une explication cohérente qui implique une pratique n'est pas nécessairement vraie. Nous voilà au rouet ! Pour qu'il y ait science au sens moderne du terme, il faut qu'il y ait à la fois vérification et prévision. Et nous retombons dans les objections de K. Popper... Nous avons déjà dit qu'à notre avis, ses critiques des philosophies de l'histoire portaient à faux parce que justement l'histoire ne fonctionne pas selon le concept de prédiction. Mais pour être juste, il faut ajouter que le concept de science reste fort ambigu chez Marx, puisqu'il joue à la fois sur l'organisation conceptuelle de l'objet théorie et sur le critère de la praxis. Dans la mesure où il n'y a pas de laboratoires en histoire, et où le temps se présente comme ouverture imprévisible on ne peut appliquer aux rapports théorie/pratique les critères de la science. C'est pourquoi les plus grands génies révolutionnaires de ce siècle ont pratiqué un art pour comprendre et utiliser les circonstances plutôt qu'une méthode rigide. Il y a une différence entre affirmer que le marxisme est le système d'explication indépassable de notre temps et affirmer qu'il est une science. Nous acceptons la première formule, nous récusons la seconde.

Il faut donc s'y résoudre. Nous sommes condamnés pour longtemps encore aux philosophies de l'histoire. Pour y échapper, il faudrait pouvoir construire une théorie du développement. Et les avatars récents des futurologues les plus distingués montrent bien qu'on n'extrapole pas valablement avec un modèle mathématique, aussi sophistiqué soit-il, les conditions de vie et de survie de l'humanité. Le futur s'ouvre sur une béance. Les structuralistes pensent la réduire, en la considérant seulement comme un effet de surface. Manière commode d'échapper aux problèmes de notre temps. D'autres, plus modernes, récusent les grands thèmes de l'histoire des idées classiques pour ne retenir que les configurations de l'épistémè d'une époque. Mais, à privilégier la discontinuité, les marginaux, les oubliés et les réprouvés, on risque fort de retomber dans de nouvelles illusions. Notre siècle a découvert la folie, l'impensé, la contestation, le système, etc., il a bousculé les sages platitudes des manuels, réévalué des pans entiers de l'histoire, inventé de nouvelles méthodes d'approche, mais il vit lui aussi sur des impensés-impensables, des mots magiques, des terrorismes inavoués. On a voué aux gémonies les vieilles philosophies de l'histoire. On a seulement inventé d'autres grilles. Et comme de bien entendu on a transposé des modèles actuels dans une interprétation plus générale du passé. Non, elles ne sont pas mortes les philosophies de l'histoire.

BIBLIOGRAPHIE

I. HEGEL, MÉDIATIONS ET DIALECTIQUE

G. W. HEGEL. *Sämmtliche Werke*, éd. G. Lasson, 21 vol., Leipzig 1913-1928.

La Phénoménologie de l'Esprit (Phänomenologie des Geistes, 1807). Trad. J. Hyppolite, 2 vol., Paris, 1939-1941.

Encyclopédie des sciences philosophiques en abrégé (Encyklopädie der philosophischen Wissenschaften im Grundrisse, 1817). Trad. M. de Gandillac, 1970.

Les principes de la philosophie du droit (Grundlinien der Philosophie des Rechts, 1821). Trad. A. Kahn, Paris, 1940.

Leçons sur la philosophie de l'histoire (Vorlesungen über die Philosophie der Geschichte, 1837). Trad. Gibelin, Paris, 1963.

La raison dans l'histoire (Die Vernunft in der Geschichte, édité par J. Hoffmeister, Hamburg 1955). Trad. Papaioannou, Paris, 1965.

Études critiques.

E. FLEISCHMANN, *La philosophie politique de Hegel,* Paris, 1964.

J. D'HONDT, *Hegel, philosophe de l'histoire vivante,* Paris, 1966.

P. J. LABARRIÈRE, *Structure et mouvement dialectique dans La phénoménologie de l'esprit de Hegel,* Paris, 1968.

G. LUKÀCS, *Der junge Hegel,* Berlin, 1954.

G. LEBRUN, *La patience du concept,* Paris, 1972.

H. MARCUSE, *Reason and Revolution.*

J. WAHL, *Le malheur de la conscience dans la philosophie de Hegel,* Paris, 1951.

E. WEIL, *Hegel et l'État,* Paris, 1950.

On pourra consulter également :

B. Bourgeois, *La pensée politique de Hegel*, Paris 1969.
F. Châtelet, *Hegel*, Paris, 1968.
K. Papaionnou, *Hegel*, 1962.
A. Kojève, *Introduction à la lecture de Hegel*, Paris, 1947.
J. Hyppolite, *Introduction à la philosophie de l'histoire de Hegel*.

2. La genèse du matérialisme historique

K. Marx et F. Engels, *Werke*, 36 vol., Berlin, 1958. Rééd. 1961.
K. Marx, *Œuvres complètes*, éd. Costes, 9 vol. Paris, 1947-1954.
   Le Capital, Éd. Sociales. 8 vol. Paris 1946-1957. *Contribution à la critique de l'économie politique* (*Zur Kritik der politischen Ökonomie*, 1859). Trad. M. Husson et G. Badia, Paris 1957.
   Manuscrits de 44. Trad. Botigelli, 1962.
   Le 18 Brumaire de Louis Napoléon Bonaparte, Paris 1963.
   Œuvres de K. Marx, éd. M. Rubel, coll. La Pléiade, Paris 1963-1968.
   Fondements de la critique de l'économie politique (*Grundrisse der Kritik der politischen Ökonomie*, ébauche de 1857-1858 et annexe de 1850-1959). Trad. R. Dangeville, 2 vol. Paris, 1969.
K. Marx et F. Engels, *L'idéologie allemande*, trad. Auger, Badia, Paris, 1968.
   Lettres sur le Capital, Paris, 1964.

Quelques études sur Marx.

D'une bibliographie immense, nous retenons :
A. Cornu, *Karl Marx et F. Engels, leur vie et leur œuvre*, 4 vol. Paris, 1957-1970.
L. Althusser, *Pour Marx*, Paris, 1965.
L. Althusser et autres, *Lire le Capital*, 2 vol., éd. refondue, Paris, 1968.
H. Lefebvre, *Le marxisme*, Paris, 1966.
J. F. Lyotard, *Dérives à partir de Marx et Freud*, Paris 1973.
E. Mandel, *La formation de la pensée économique de K. Marx*, Paris, 1970.

3. Gramsci, a la recherche de l'intellectuel organique

Édition Einaudi, Turin. II volumes.
Lettere dal Carcere, 1947, 1965, 1968.

Quaderni del Carcere :

1) *Il materialismo storico e la filosofia del B. Croce*, 1948, 1966.
2) *Gli intellettuali e l'organizzazione della cultura*, 1946, 1966.
3) *Il Risorgimento*, 1949, 1966.
4) *Note sul Machiavelli, sulla politica e sullo Stato moderno*, 1949, 1966.
5) *Letteratura e vita nazionale*, 1950, 1966.
6) *Passato e presente*, 1951, 1966.

Autres textes :

L'ordine nuovo (1919-1920), 1955.
Scritti giovanili (1914-1918), 1958.
Sotto la Mole (1916-1920), 1960.
Socialismo e Fascismo. L'Ordine Nuovo (1921-1922), 1966.
La costruzione del Partito Comunista (1923-1926), 1971.
   Nouvelle édition aux Editori Riuniti, Rome. Reprend les *Quaderni del Carcere* et ajoute des choix de textes dont certains inédits ou difficiles à trouver, en particulier l'essai inachevé : *Alcuni temi della questione meridionale*, et surtout voir le tome 10, *Scritti politici* (1967), avec la lettre de Gramsci au CC. du PCB. Cet ouvrage vient d'être rédité en livre de poche (3 volumes).

Traductions françaises :

Lettre de prison, 1953, épuisé.
Œuvres choisies, 1959, épuisé.
Lettres de prison, 1971.
   Quelques articles se trouvent éparpillés dans des revues et par suite sont difficiles à trouver. On attend avec impatience une traduction complète que justifierait l'intérêt actuel porté à Gramsci.

Études et commentaires :

Parmi une abondante bibliographie, nous retenons :

1) En italien :

N. MATTEUCI, *A. G. e la filosofia della prassi*, Milan, 1951.
P. SPRIANO, *G. e l'Ordine Nuovo*, Rome, 1965.
P. SPRIANO, *Storia del P.C.I.* Vol. I. *Da Bordiga a Gramsci*, Turin, 1967.
P. TOGLIATTI, *Gramsci*, Rome, 1967.

2) En français :

G. FIORI, *La vie de Gramsci*. Traduit de l'italien, Paris, 1970.
J. TEXIER, *Gramsci*, Paris 1966.
A. BUZZI, *La théorie politique de Gramsci*, Louvain, 1967.

J. M. Piotte, *La pensée politique de Gramsci*, Paris, 1970.
H. Portelli, *Gramsci et le bloc historique*, Paris, 1972.
D. Grisoni et R. Maggiori, *Lire Gramsci*, Paris, 1973.
M. A. Macciocchi, *Pour Gramsci*, Paris, 1974.

4. Lukàcs et la conscience de classe

De l'œuvre immense de Lukács, nous retiendrons pour notre propos :

Die Seele und die Formen, Berlin 1911. *L'âme et les formes*. Trad. franç. Paris, 1974.
La théorie du roman (Die Theorie des Romans, 1920). Trad. franç. Paris, 1963.
Histoire et conscience de classe (Geschichte und Klassenbewusstsein, 1923). Trad. franç, 1960.
La destruction de la raison (Die Zerstörung der Vernunft, 1954). Trad. franç., 1968.
Schriften zur Literatursoziologie, Neuwied, 1961.

Études :

H. Arvon, *Lukàcs*, Paris, 1958.
L. Goldmann, *Recherches dialectiques*, troisième éd., Paris, 1963.
M. Merleau-Ponty, *Les aventures de la dialectique*, Paris, 1955.

En allemand :

G. Lukàcs und der Revisionismus, Berlin, 1960.

5. Rareté, violence et raison dialectique chez Sartre

Œuvres de Sartre utilisées :

L'Être et le Néant, Paris, 1943.
Critique de la raison dialectique, Paris, 1960.

Études :

M. Contat et M. Rybalka, *Les écrits de Sartre. Chronologie, Bibliographie commentée*, Paris, 1970.
R. Aron, *Histoire et dialectique de la violence*, Paris, 1973.
R. Laing et D. Cooper, *Raison et violence*, Paris, 1972.

6. Les philosophies critiques de l'histoire

1) Dilthey :

W. Dilthey, *Gesammelte Werke*, 12 vol. Leipzig, 1914-1958.
Le Monde de l'esprit (Die Geistige Welt). Trad. franç. M. Rémy, 2 vol. Paris, 1947.

Introduction à l'étude des sciences humaines (Einleitung in die Geisteswissenschaften), Paris, 1942.
Théorie des conceptions du monde (Der Aufbau der geschichtlichen Welt in den Geisteswissenschaften), Paris, 1946.

2) Max Weber :

L'Éthique protestante et l'esprit du capitalisme (Die protestantische Ethik und der Geist des Kapitalismus, 1904). Trad. franç. J. Chavy, Paris, 1964.
Le savant et le politique (Politik als Beruf, 1919). Trad. franç. J. Freund, Paris, 1959.
Essais sur la théorie de la science, Trad. franc. partielle de J. Freund, Paris, 1965 *(Gesammelte Aufsätze zur Wissenschaftslehre, 1922).*

Études :

R. ARON, *La philosophie critique de l'histoire*, 3 éd., Paris, 1964.
R. ARON, *Les étapes de la pensée sociologique*, Paris, 1967.
B. GROETHUYSEN, *Introduction à la pensée philosophique allemande depuis Nietzsche*, Paris 1926.
J. FREUND, *Sociologie de Max Weber*, Paris, 1966.
Max Weber, Paris, 1969.
A. KREMER-MARIETTI, *Dilthey*, Paris, 1971.

7. STRUCTURALISMES

Quelques livres d'information générale :

R. JAKOBSON, *Essais de linguistique générale*, t. I et t. II, Paris, 1963 et 1973.
J. PIAGET, *L'épistémologie génétique*, 3 vol. Paris, 1950.
J. PIAGET, *Le structuralisme*, Paris, 1968.
R. BOUDON, *A quoi sert la notion de structure ?* Paris, 1968.
N. WIENER, *La cybernétique.*

C. LÉVI-STRAUSS, *Anthropologie structurale I*, Paris, 1958.
Anthropologie structurale II, Paris, 1973.
Les structures élémentaires de la parenté, Paris, 1949.
La pensée sauvage, Paris, 1963.
Mythologies : *I, Le cru et le cuit*, Paris, 1964.
　　　　　　　II, Du miel aux cendres, Paris, 1966.
　　　　　　　III, L'origine des manières de table, Paris, 1968.
　　　　　　　IV, L'homme nu, Paris, 1973.

8. DE QUELQUES POLÉMIQUES

G. G. GRANGER, *Pensée formelle et science de l'homme*, Paris, 1960.

K. POPPER, *Misère de l'historicisme*. Trad. franç. Paris, 1956.
L. ALTHUSSER, *Réponse à John Lewis*, Paris, 1973.
P. VILAR, *in Faire de l'histoire*, recueil collectif sous la direction de J. Le Goff et P. Nora, Paris, 1974.
R. ARON, *Histoire et dialectique de la violence*, Paris, 1973.
J. P. SARTRE, *L'idiot de la famille*, Paris, 1971-1973.

TABLE DES MATIÈRES

Si vous appréciez les volumes de cette collection et si vous désirez être tenu au courant des publications des Éditions **PAYOT, PARIS**, découpez ce bulletin et adressez-le à :

ÉDITIONS PAYOT, PARIS
106, Bd Saint-Germain
75006-Paris

NOM . . . .

PRÉNOM . . . .

PROFESSION . . . .

ADRESSE . . . .

. . . .

Je m'intéresse aux disciplines suivantes :

ACTUALITÉ, MONDE MODERNE ☐
ARTS ET LITTÉRATURE ☐
ETHNOGRAPHIE, CIVILISATIONS ☐
HISTOIRE ET GÉOGRAPHIE ☐
PHILOSOPHIE, RELIGION ☐
PSYCHOLOGIE, PSYCHANALYSE ☐
SCIENCES (Naturelles, Physiques) ☐
SOCIOLOGIE, DROIT, ÉCONOMIE ☐

(Marquer d'une croix les carrés correspondant aux matières qui vous intéressent.)

Suggestions :

. . . .

. . . .

. . . .

A découper ici

ACHEVÉ D'IMPRIMER LE
4 NOVEMBRE 1974 SUR LES
PRESSES DE L'IMPRIMERIE
BUSSIÈRE, SAINT-AMAND (CHER)

— Nº d'impression : 1137 —
Dépôt légal : 4ᵉ trimestre 1974.
Imprimé en France